인공지능과 정치의 변화

AI문고

인공지능 시대입니다. 기계가 인간의 인지를 대신하고, 사물이 인간을 통하지 않고 다른 사물과 직접 커뮤니케이션합니다. 이에 따른 인간 삶과 문명 변화를 정확히 이해·예측·대응하는 것은 이 시대 우리 모두의 과제입니다. AI문고는 인공지능 기술과 환경의 여러 주제를 10가지 키워드로 정리합니다. 관련 개념과 이론, 학계와 산업계의 쟁점, 우리 일상의 변화를 다룹니다. 인간과 기술의 현재, 미래를 세심히 분석합니다.

일러두기

• 인명, 작품명, 저서명, 개념어 등은 한글과 함께 괄호 안에 해당 국가의 원어를 병기했습니다.
• 외래어 표기는 현행 어문규정의 외래어표기법을 따랐습니다. 다만 '딥러닝', '딥마인드', '딥페이크' 등은 관행을 따랐습니다.

처음이세요?

전문가세요?

인공지능과 정치의 변화

심양섭

대한민국, 서울, 커뮤니케이션북스, 2024

인공지능과 정치의 변화

지은이 심양섭
펴낸이 박영률

초판 1쇄 펴낸날 2024년 8월 27일

커뮤니케이션북스(주)
출판 등록 2007년 8월 17일 제313-2007-000166호
02880 서울시 성북구 성북로 5-11
전화(02) 7474 001, 팩스(02) 736 5047
commbooks@commbooks.com
www.commbooks.com

ISBN 979-11-288-9552-4 03500

책값은 뒤표지에 표시되어 있습니다.

차례

인공지능과 정치, 지속과 변화

AI는 현대 민주주의에 중요한 변화를 불러오고 있다. AI는 선거, 정책 결정, 공공 서비스 등 민주주의의 여러 측면에서 혁신을 일으키고 있으며, 동시에 새로운 도전 과제와 윤리적 문제를 제기하고 있다.

AI는 선거 과정에서 가장 많이 활용된다. 전문가들은 정치인들이 선거 운동 과정에서 예산 절감을 위해 AI를 활용하고 있다고 지적한다. 홍보용 사진을 찍기 위해 대규모 인원이 움직일 필요도 없는데다가, 값비싼 자료 분석가(data analyst)를 고용하지 않아도 AI가 공약을 적절하게 분석해 주기 때문이다. 토론 질문에 대한 즉각적인 답변을 검색하는 데도 유용하다.

AI 기반 자료 분석은 유권자의 성향을 파악하고, 맞춤형 선거 운동 전략을 수립하는 데 사용된다. 예를 들어, 미국 대선에서 민주당과 공화당은 AI를 활용해 소셜 미디어(social media)의 자료들을 분석하고, 유권자들에게 맞춤형 메시지를 전달해 지지율을 높이는 전략을 펼쳤다. 이러한 기술은 선거의 효율성과 효과성을 높이는 데 기여한다. 소셜 미디어란 사람들의 의견, 생각, 경험, 관점을 서로 공유하기 위해 사용하는 매체를 말한다. 대표적으로 페이스북, 엑스(트위터의 새 이름), 인스타그램, 틱톡, 블로그, 카카오스토리 등이 있다.

가짜 뉴스를 만드는 AI, 가짜 뉴스를 막는 AI

AI는 가짜 뉴스(fake news)를 생성하고 퍼뜨리는 데 사용될 수 있다. 이는 민주주의를 위협하고, 선거 결과에 부정적인 영향을 미칠 수 있다. 따라서 AI를 활용한 디스인포메이션(disinformation)을 방지하기 위한 규제가 필요하다. 디스인포메이션은 허위 조작 정보를 말한다.

2024년 미국 대선을 앞두고 대부분의 정치 컨설턴트와 선거 연구자들은 AI가 만든 홍보 자료를 규제하는 법안이 시급하다고 지적했다. 이미 전 세계 각국에서 정치인들이 AI로 선거용 홍보물을 제작하는 사례가 잇따르는 가운데, 가짜 정보를 의도적으로 퍼뜨리는 행위를 법으로 규제할 필요가 있기 때문이다.

AI가 가짜 뉴스의 생성과 확산에 이용될 수도 있지만, 반대로 AI의 사실 확인 기술(Automated Fact-Checker)을 도입해 가짜 뉴스의 전파를 막을 수도 있다. AI 기술로 만든 가짜 정치인 영상이 등장해 혼란을 초래하고, 정치 지도자들의 어조를 흉내 내는 가짜 연설문을 순식간에 제작하는 가짜 뉴스 및 동영상이 급속히 확산되고 있다. 이러한 가짜 뉴스를 방지하기 위한 기술이 도입되고 있는데, 영국의 '풀팩트(Full Fact)'는 AI를 이용한 사실 확인 기술로서, 정치인이 발언하면 이를 입증할 영국 통계청 자료를 검색한 후 화면에 띄워 사실인지 거짓인지를 표시해 준다. 아르헨티나의 '체키아도(Chequeado)'는 정치인들의 발언 영상을 순식간에 글자로 바꾼 후 AI 로봇 프로그램을 이용해 사실을 확인해 준다.

영국의 풀팩트는 사실 확인 작업을 전문으로 하는 대표적인 기관으로서 비영리 단체다. 풀팩트는 기존에 사실로 판명 난 정치적 주장들을 모아 놓은 데이터베이스를 기반으로 자연어 처리(natural language processing) 모델을 개발했다. 자연어 처리는 인간의 언어를 컴퓨터에 인식시키는 기술로, 컴퓨터가 인간의 언어를 이해하고 처리하는 기술로도 이해할 수 있다. 풀팩트는 신문, 텔레비전, 소셜 미디어에 제기된 주장 중에서 이미 팩트체크한 결과가 데이터베이스에 있으면 결과를 바로 표시해 준다. 단순히 참과 거짓을 구분할 뿐만 아니라 이를 뒷받침하는 통계 자료도 제시한다. 음성 인식 기술(speech-to-text)로 변환한 주장들의 사실 여부를 가려주는 것이다.

체키아도는 스페인어로 '검증된'이라는 뜻을 가진 말이다. 체키아도는 유엔 민주주의 기금의 지원을 받아 2010년 10월에 제작된 라틴 아메리카의 선구적인 사실 확인 사이트로서, 비영리 단체가 운영한다. 전 세계 최초의 디지털 사실 확인 프로젝트 중 하나라고 할 수 있다. 체키아도 프로젝트는 AI와 알고리즘을 사용해 개발한 로봇(Chequeabot)을 통해 작업을 자동화했다. 알고리즘(algorithm)은 주어진 문제를 논리적으로 해결하기 위해 필요한 절차, 방법, 명령어들을 모아 놓은 것이다. 체키아도는 매일 아르헨티나의 30개 언론 매체에 실린 기사 중에서 가짜 뉴스를 골라낸다.

AI를 활용한 민주주의 연구 방법의 혁신

AI를 활용하면 정성적 연구, 사례 연구, 네트워크 분석 등 기존의 민주주의 연구 방법론에서도 혁신이 일어난다.

우선 정성적 연구는 여전히 민주주의 연구에서 중요한 위치를 차지한다. AI는 정성적 데이터를 분석하는 데 유용하게 활용될 수 있다. 예를 들어, 텍스트 마이닝(text mining)과 자연어 처리 기술은 인터뷰, 연설, 문서 등의 정성적 데이터를 분석하고, 주요 주제와 패턴을 도출하는 데 도움을 준다. 이는 정성적 연구의 깊이를 유지하면서도 데이터 분석의 효율성을 높인다. 텍스트 마이닝은 비정형 텍스트를 정형화하여 의미 있는 패턴과 새로운 통찰력을 얻는 과정이다.

다음으로 사례 연구는 특정 현상을 깊이 있게 분석하는 데 유용한 방법론이다. AI는 사례 연구에서 다양한 데이터 소스를 통합하고 분석하는 데 사용될 수 있다. 예를 들어, 정치적 사건에 대한 뉴스 기사, 소셜 미디어 반응, 공식 문서 등을 AI로 분석해 사례 연구의 신뢰성을 높일 수 있다.

정치 연결망(political network) 분석도 민주주의 연구에서 중요한 방법론 중 하나다. AI는 복잡한 연결망 자료를 분석하고 시각화하는 데 유용한 도구를 제공한다. 예를 들어, 정치인 간의 관계, 로비스트(lobbyist)와 정치인 간의 연결성 등을 분석해 정치적 연결망의 구조와 동태를 파악할 수 있다. 로비스트란 특정 조직의 이익을 위해 의회 공작 운동을 하는 사람을 말한다.

'양날의 칼' AI, 권력의 유지와 변혁

AI는 정치권력의 집중을 강화하는 도구로 활용될 수 있다. 정부와 거대 기업은 AI를 통해 방대한 데이터를 수집하고 분석해 사회를 통제하고 관리하는 능력을 강화할 수 있다. 예를 들어, AI를 활용해 국민의 행동을 감시하고, 정책 집행의 효율성을 높이는 데 사용될 수 있다. 이는 권력의 집중을 강화하지만, 동시에 개인의 자유와 프라이버시 침해 우려를 낳는다.

반면, AI는 권력의 분산을 촉진할 수 있다. AI는 정보 접근을 용이하게 하고, 시민 참여를 증진하며, 소규모 단체나 개인이 정치적 영향력을 행사할 수 있는 도구를 제공한다. 예를 들어, AI 기반의 플랫폼은 시민들이 정책 결정 과정에 참여하거나, 자신의 목소리를 효과적으로 전달할 기회를 제공한다. 이는 권력의 분산과 민주주의의 강화를 가져올 수 있다.

과거에는 정부와 대기업이 주도했던 권력 구조가 AI 기술의 발전으로 다양한 주체들로 확산되고 있다. 예를 들어, 기술 스타트업이나 비정부 조직(nongovernmental organization)도 AI를 활용해 정책에 영향력을 미칠 수 있다. 이는 새로운 권력 구조의 형성과 변화를 의미한다. 비정부 조직이란 정부나 정부 간 협정에 의해 설립되지 않은, 자발적으로 조직된 비영리 시민 조직을 가리키는 집합적 명칭이다.

따라서 AI는 기존 권력의 유지를 돕는 동시에, 권력 변혁의 촉매제도 될 수 있다. AI는 정교한 선거 전략 수립, 여론 조작, 정치 캠페인 관리 등을 통해 기존 권력이 지속될 수 있도록 지원한다. 그러나 AI는 새로운 정치 세력이나 혁신적인 정치 운동이 등장하는 데에도 기여할 수 있다. 예를 들어, AI는 새로운 정치 세력이 여론을 효과적으로 분석하고 대응할 수 있는 도구를 제공한다. 심지어 AI는 자체 플랫폼을 가진 새로운 정치 정당을 창설하고, 인간 후보자를 유치해 선거에서 승리하게 할 수 있다. 이는 정치 환경에 새로운 변화를 가져올 가능성을 보여 준다.

AI와 미국 정치

AI는 벌써부터 정치 광고를 만들 때 상당한 역할을 하고 있다. 그러나 정치 광고에서 AI의 사용은, 특히 딥페이크(deepfake)를 통해 유권자에게 허위 정보를 제공할 수 있다.

딥페이크란 인공지능 기술인 딥러닝(deep learning)과 '가짜'를 의미하는 단어인 페이크(fake)의 합성어로, 인공지능 기술을 이용해 만든 진위를 구별하기 어려운 가짜 이미지나 영상물을 뜻한다. 특정 인물의 얼굴과 목소리 등을 영상에 합성하는 것이다. 딥러닝은 컴퓨터가

스스로 외부 데이터를 조합, 분석해 학습하는 기술을 뜻한다. 딥러닝은 인간의 두뇌가 수많은 데이터 속에서 패턴을 발견한 뒤 사물을 구분하는 정보 처리 방식을 모방해 컴퓨터가 사물을 분별하도록 기계를 학습시킨다.

2024년 미국 대선을 앞두고 미국 연방통신위원회(FCC)는 정치 광고에 AI를 사용할 경우 이를 명시하도록 했다. 이에 따라 TV, 라디오, 인터넷 등에 정치 광고를 할 경우 콘텐츠 생성에 AI가 사용됐는지 여부를 공개해야 한다. AI 도구에 대한 접근성이 좋아지면서 이런 기술이 사용될 경우 시청자들이 이를 인지할 수 있도록 하기 위해서다. 물론 정치 광고에서 AI의 사용을 금지하는 것은 아니다.

이에 앞서 미국 연방통신위원회는 전화 선거 운동에서 AI를 활용한 가짜 목소리인 '오디오 딥페이크(audio deepfake)' 사용을 금지했다. 2024년 2월 미국 뉴햄프셔주에서 민주당 대선 후보 예비 선거(primary)를 앞두고 조 바이든 대통령의 목소리를 활용한 '가짜 바이든 대통령 전화' 선거 운동이 진행된 적이 있었기 때문이다.

그런 가운데에서도 AI는 미국 정부의 다양한 부문에서 활용되고 있다. 연방국세청(IRS)은 AI를 활용해 세금 사기와 탈세를 탐지하고 있으며, 국토안보부는 AI를 이용해 출입국 관리 시스템을 개선하고 있다. 또한, AI 기반 챗봇과 자동화 시스템은 행정 업무를 간소화하여 정부 서비스의 접근성을 높이고 있다.

미국 정부는 코로나19 팬데믹 동안 AI를 활용해 효율적인 대응을 했다. 질병통제예방센터(CDC)는 AI를 이용해 바이러스 확산 경로를 예측하고 방역 전략을 수립했다. 또한, AI는 백신 개발과 배포 과정에도 활용됐다. AI 기반 데이터 분석은 백신의 안전성과 효과성을 평가하는 데 기여했다.

미국 국방부도 AI를 이용해 안보 위협을 실시간으로 분석하고, 대응 전략을 수립하는 등 AI를 군사적 목적으로 광범위하게 활용하고 있다. 무인 항공기, 자동화된 방어 시스템, 사이버 보안에서 AI는 군사 능력을 강화하고, 위협에 대한 신속한 대응을 가능하게 한다. 특히, 사이버 보안 분야에서 AI는 사이버 공격을 실시간으로 탐지하고 방어하는 데 필수적인 도구로 자리 잡고 있다.

그러나 AI의 군사적 활용은 중대한 윤리적 도전 과제다. AI 기반 무기 시스템은 전쟁의 양상을 근본적으로 변화시킬 수 있으며, 이는 국제 평화와 안보에 큰 위협이 될 수 있다. AI 무기화의 규제를 위한 국제적 합의와 협력이 필요하다.

AI 강국 캐나다, '딥페이크와 전쟁'

캐나다가 AI 강국으로 부상한 원동력은 정부의 장기적 안목과 꾸준한 투자다. 캐나다 정부는 캐나다 경제와 사회 전반에 걸쳐 인공지능의 채택을 촉진하기 위한 노력에 투자하고 있다. 캐나다는 연방정부 차원에서 범국가적 AI 전략을 선도할 캐나다고등연구재단(CIFAR)을 설립해, 장기적 안목에서 AI 정책을 수립하고, 인재 육성과 연구 개발(R&D)을 진행했다. 캐나다고등연구재단은 캐나다에 본사를 둔 글로벌 연구 조직으로서 과학과 인류가 직면한 가장 중요한 문제를 해결하기 위해 지혜와 지식과 아이디어를 모은다.

캐나다는 기초 연구를 중시하는 전통에 따라 세계 최초의 AI 국가 정책인 범 캐나다 AI 전략(Pan-Canadian artificial intelligence strategy)을 수립했다. 그 덕분에 최고 수준의 AI 연구자들이 상당 액수의 연구 자금을 지원받아 캐나다 대학에서 연구실을 운영하고 있다. 세계적 수준의 인재와 연구 역량을 동원해 AI 기술이 채택되고 상업화되도록 돕는 것이 연구의 목표다.

캐나다 토론토대학교의 명예교수인 제프리 힌턴(Geoffrey Hinton)은 현대 인공지능의 대부로 불린다. 지금부터 37년 전인 1986년에 처음으로 딥러닝 인공지능의 학습 이론을 제시했다. 기초 원천 연구에 집중하는 캐나다 토론토 지역 대학에서는 인공지능 분야에서 박사급 연구자가 연간 600여 명씩 배출된다. 캐나다 정부가 가능성을 믿고 장기적 · 지속적으로 기초 원천 연구를 지원했기에 가능했다.

캐나다는 AI 기술의 부작용을 최소화하는 데도 적극적이다. 캐나다 정부는 2025년 10월 연방 총선을 앞두고 외국 세력의 선거 개입을 방지하고 AI의 악용을 차단하는 등 선거 보안 대책을 강화하기 위한 선거법 개정안을 하원에 제출했다. 개정안은 외국 세력의 선거 개입을 차단하기 위한 주요 대책을 규정하면서 이를 선거 기간 외에도 시행토록 했다. 이와 함께 AI나 딥페이크를 악용해 만든 인물 정보를 단속하기 위해 해당 규정을 구체화해 명시했다.

캐나다의 사이버 보안 당국도 2025년 10월 연방 총선에서 AI를 이용한 외부 세력이 개입할 가능성을 경고했다. 캐나다의 사이버 정보기관인 통신보안국(CSE)은 사이버 보안 위협에 관한 보고서를 통해 외국의 적대 세력이나 전문 해커들이 캐나다 유권자들을 '조종'하기 위해 AI를 이용할 가능성이 크다고 밝혔다. 특히, 현재 공개적으로 알려진 식별 기법으로는 AI의 딥페이크를 활용한 허위 영상을 모두 판별할 수는 없을 것으로 우려했다. 해외의 적대 세력과 해커들이 딥페이크 동영상과 이미지를 제작해 가공의 정치인과 정부 관리를 만들어 냄으로써 AI를 무기화할 가능성이 있다는 것이다.

생성형 AI(generative AI)의 획득이 갈수록 용이해지는 만큼 AI를 활용해 유권자들을 노리는 공작이 일반 대중에게 드러나지 않은 채 선거에 영향을 미칠 수 있다. 예를 들어, 후보 토론회가 딥페이크의 주요 표적이 될 수 있다. 사이버 위협 세력이 토론 내용을 조작해 유포하면 유권자들이 속을 수 있다. 나중에 진실이 밝혀지더라도 그로 인해 입은 손상으로 유권자들은 향후 정치 토론의 정통성을 의문시하도록 만들 수 있다.

생성형 AI는 인공지능의 한 유형으로서, 텍스트 · 오디오 · 이미지 등의 기존 콘텐츠를 활용해 유사한 콘텐츠를 새로 만들어 내는 인공지능 기술이다. 이용자의 특정 요구에 따라 결과를 생성해 내는 인공지능으로, 데이터 분석과 얼굴 인식, 자율 주행, 음성 인식 및 합성 등의 지능적인 작업을 수행할 수 있다. 다양한 산업 분야에서 응용될 수 있는 인공지능 기술이다.

AI와 유럽연합

유럽연합은 AI를 통해 경제적 경쟁력을 강화하고 사회적 문제를 해결하기 위해 다양한 정책과 전략을 수립하고 있다. 2018년 유럽연합은 'AI에 대한 조정 계획(Coordinated plan on artificial intelligence)'을 발표해 AI 연구 개발, 교육, 윤리적 규제 등을 포함한 포괄적인 전략을 제시했다. 이 계획은 AI 기술의 개발과 활용을 촉진하며, 회원국 간의 협력을 강화하는 것을 목표로 하고 있다.

유럽연합은 AI 연구 개발에 막대한 투자를 하고 있다. '호라이즌 2020(Horizon 2020)' 프로그램을 통해 AI 연구에 15억 유로를 투자하였고, 2021년부터 시작된 '호라이즌 유럽(Horizon Europe)' 프로그램에서도 AI 연구를 중점적으로 지원하고 있다. '호라이즌 2020'은 유럽연합의 연구 혁신(R & I) 분야 재정 지원 프로그램이다. 연구 혁신 투자를 통해 EU의 과학 기술 기반과 경쟁력을 강화하고, 글로벌 도전 과제 해결 및 지속 가능한 개발에 기여하려고 한다. '호라이즌 유럽'은 연구 및 혁신을 위한 유럽연합의 주요 자금 지원 프로그램이다. 이는 기후 변화에 대처하고, 유엔의 지속 가능한 개발 목표를 달성하는 데 도움을 주며, 유럽의 경쟁력과 성장을 촉진한다.

유럽연합은 AI 인재 양성을 위해 다양한 교육 프로그램도 운영하고 있다. 대학과 연구 기관을 통해 AI 관련 교육 과정을 강화하고 있으며, 디지털 기술 훈련 프로그램을 통해 전문가를 양성하고 있다. 이는 유럽의 AI 기술력을 높이고, 산업의 요구에 부응하는 인재를 양성하는 데 중점을 두고 있다.

유럽연합은 AI를 통해 스마트 시티와 교통 시스템도 혁신하고 있다. AI 기반 교통 관리 시스템은 교통의 흐름을 최적화하고, 혼잡을 줄이며, 공기 질을 개선하는 데 기여한다. 예를 들어, 바르셀로나와 암스테르담은 AI를 활용한 스마트 교통 시스템을 도입해 도시 내 이동의 효율성을 높이고 있다.

AI는 유럽의 헬스케어 시스템에서도 중요한 역할을 하고 있다. 영국의 국가 보건 서비스(national health service, NHS)는 AI를 활용해 환자의 데이터를 분석하고, 맞춤형 치료 계획을 제공하고 있다. 영국의 국가 보건 서비스는 1948년에 설립된 보건 의료 체계로서 일반 재정을 재원으로 삼고 있어서 그 규모가 세계에서 가장 크다.

AI는 유럽연합의 제조업, 금융업, 농업 등 다양한 산업 분야에서 혁신을 주도하고 있다. 독일의 인더스트리

4.0(Industry 4.0)은 AI와 사물 인터넷(Internet of things)을 결합해 제조업의 혁신을 이끌고 있다. 인더스트리 4.0이라는 용어는 2011년 당시 독일 정부가 진행 중이던 하이테크 전략 프로그램에서 고안됐지만, 이번에는 AI 기술에서 활로를 찾고 있다. 2023년 8월 독일 연방정부는 향후 2년간 AI 연구 지원금을 현재의 2배인 약 10억 유로(1조4000억 원)로 늘린다고 발표했다. 정보통신 기술을 제조업에 접목하는 인더스트리 4.0을 주도했던 독일이 이번에는 'AI 인더스트리' 바람을 일으키겠다는 것이다. 사물 인터넷은 각종 사물에 센서와 통신 기능을 내장해 인터넷에 연결하는 기술, 즉 무선 통신을 통해 각종 사물을 연결하는 기술을 의미한다. 예를 들면, 에어컨과 휴대폰을 연결해 집 안의 온도나 습도 정보를 외부 어디에서나 확인할 수 있다.

유럽연합은 AI가 초래하는 윤리적 문제에 대한 대응에서도 선도적이다. 유럽연합은 「일반 데이터 보호 규정(General Data Protection Regulation)」을 통해 데이터 보호와 프라이버시를 강화하고 있으며, AI 기술이 이러한 규정을 준수하도록 하고 있다. 이는 개인의 권리를 보호하고, 데이터의 오용을 방지하는 데 중요한 역할을 한다. 「일반 데이터 보호 규정」은 기업 및 조직이 유럽연합 회원국 내에서 이루어지는 거래와 관련해 유럽연합 시민의 데이터와 개인 정보를 보호하도록 규정하는 데이터 보호법이다.

또한, 유럽연합은 AI의 윤리적 사용을 보장하기 위해 '신뢰할 수 있는 AI 가이드라인(Ethics Guidelines For Trustworthy AI)'을 마련했으며, 이는 알고리즘의 투명성, 공정성, 책임성을 강조한다. 이를 통해 AI가 사회에 긍정적인 영향을 미칠 수 있도록 규제하고 있다.

AI 기술의 발전은 국가 간, 지역 간 기술 격차와 불균형을 초래할 수 있다. 유럽연합은 이러한 격차를 해소하기 위해 회원국 간의 협력을 강화하고, 기술 지원과 교육 프로그램을 확대하고 있다. 이를 통해 모든 국가가 AI의 혜택을 골고루 누릴 수 있도록 노력하고 있다.

AI와 중국 정치

중국 정부는 AI를 이용한 사회 신용 시스템을 통해 사회 통제와 감시를 강화하고 있다. AI 기반의 감시 카메라는 얼굴 인식 기술을 통해 시민들의 동선을 추적하고, 공공 질서를 유지하는 데 사용된다. 이는 범죄 예방과 사회 안정 유지에 기여하지만, 동시에 개인의 자유와 프라이버시 침해 문제를 야기한다.

같은 연장선상에서 중국은 공공 안전을 위해 AI를 적극적으로 활용하고 있다. AI 기반 감시 시스템은 범죄를 사전에 예방하고, 사건 발생 시 신속하게 대응할 수 있도록 한다. 예를 들어, AI는 도시 내 폐쇄회로 텔레비전(CCTV) 영상을 분석하여 범죄자를 식별하고, 실시간으로 경찰에 알리는 시스템을 운영하고 있다.

또한, 중국의 사회 신용 시스템은 AI를 이용해 시민들의 신용 점수를 평가하고, 이를 바탕으로 혜택과 제재를 부여한다. AI는 방대한 데이터를 분석해 개인과 기업의 신용도를 평가하며, 이는 사회 통제와 경제 질서 유지에 중요한 역할을 한다. 그러나 AI를 이용한 이러한 사회 통제와 감시는 개인의 프라이버시와 자유를 침해할 수 있다는 비판을 받고 있다. 이를 해결하기 위해서는 명확한 법적 규제와 인권 보호 조치가 필요하다.

참고문헌

민병원(2018). 포스트 휴머니즘과 인공지능의 국제정치: 계몽주의와 인간중심주의를 넘어서. ≪한국정치학회보≫, 52(1), 147-169쪽.

정원섭(2020). 인공지능 알고리즘의 편향성과 공정성. ≪인간·환경·미래≫, 25, 55-73쪽.

조소영(2020). 인공지능과 민주주의. ≪공법연구≫, 49(2),

147-167쪽.
조현석 외(2018). 『인공지능, 권력변환과 세계정치』.(서울대학교 국제문제연구소 총서 18). 삼인.
Coeckelbergh, M.(2022). *Political philosophy of AI: An introduction*. Polity Press. 배현석 옮김(2023). 『인공지능은 왜 정치적일 수밖에 없는가: AI의 정치학과 자유, 평등, 정의, 민주주의, 권력, 동물과 환경』. 생각이음.

01
인공지능과 정부

대한민국 정부는 2023년 4월 디지털 플랫폼 정부를 실현하겠다고 밝혔다. 디지털 플랫폼 정부는 AI와 클라우드를 기반으로 각 부처와 기관에 흩어져 있는 정보를 하나의 플랫폼에 통합해 국민들이 활용할 수 있도록 하는 것이다. 플랫폼을 활용하면 할수록 더 많이 학습하고 진화함으로써 국민이 어떤 것을 원하는지 더 잘 알 수 있고, AI를 기반으로 더 영리해질 수 있다고 한다. 그동안 추진해 온 전자 정부가 큰 성과를 달성했지만 디지털 플랫폼 정부는 차원이 다른 것이다. AI가 정부를 어떻게 바꿔 놓을지 살펴보자.

AI와 1인 창업?

AI와 정부 정책 결정 과정의 혁신

정부 기관들은 다양한 공공 부문 문제를 해결하기 위해 AI 기술에 투자하기 시작했다. 2022년 6월 미국의 경제 뉴스 전문 매체인 블룸버그(Bloomberg)는 미국, 영국, 중국, 캐나다 등 다양한 정부의 AI 지출이 증가하고 있다고 보도했다.

예를 들어, 미국 정부는 2020년에 10억 달러 이상의 AI 자금 조달을 약속했다. 2021년 3월 캐나다 정부도 AI 이니셔티브를 발전시키기 위해 5억 달러 이상을 약속했다. 정부의 AI 사용 사례에 대한 딜로이트(Deloitte) 보고서에 의하면 정부 기관의 80%가 디지털 성숙도에 도달하는 초기 또는 개발 단계에 있다. 딜로이트는 영국 런던에 본사를 두고 있는 글로벌 컨설팅 회사다.

정부 프로세스에서 AI를 사용하는 주요 이유는 수백만 시간의 노동 시간을 절약할 수 있다는 것이다. 이를 통해 정부 직원은 더 중요한 업무에 집중할 수 있고 결과적으로 정부는 대중에게 서비스를 더 빠르게 제공할 수 있다. 딜로이트 조사에 따르면 정부 직원의 업무를 자동화하면 약 9670만~12억 노동 시간을 절약할 수 있으며, 잠재적으로 연간 약 33억~411억 달러를 절약할 수 있는 것으로 추정된다.

정부의 AI 활용 주요 사례

첫째, 교통의 흐름 분석이다. 세계보건기구(WHO)는 매년 130만 명이 교통사고로 사망하는 것으로 추산한다. 교통 분야에 AI를 효과적으로 적용함으로써 정부는 도로 안전 문제를 크게 개선할 수 있다. AI와 머신러닝(machine learning) 알고리즘은 공무원이 교통의 흐름을 제어하고, 사고와 혼잡을 예방하고, 물류를 모니터링하고, 도로 안전을 개선하는 데 도움이 되는 데이터 기반 분석을 제공한다. 머신러닝은 인공지능의 연구 분야 중 하나로, 인간의 학습 능력과 같은 기능을 컴퓨터에서 실현하고자 하는 기술 및 기법이다.

그리드스마트(Gridsmart)는 컴퓨터 비전(computer vision)과 객체 감지를 사용해 시야 내에서 움직이는 모든 객체를 추적하는 AI 기반 시스템이다. 이 시스템은 초광각 렌즈가 장착된 카메라인 어안(魚眼) 렌즈 카메라를 사용해 도로의 모든 구간을 추적하고 정보를 교통 관리자에게 다시 전달한다. 그리드스마트 시스템은 교차로 작동, 교통 데이터 분석 능력 및 향상된 상황 인식을 원활하게 통합하는 선구적인 감지 솔루션이다. 컴퓨터 비전은 컴퓨터를 이용해 정지 영상 또는 동영상으로부터 의미 있는 정보를 추출하는 작업을 말한다. 어안 렌즈 카메라란 180도의 화각을 가지는 렌즈로, 물고기 눈처럼 보여 피쉬아이(fish eye) 렌즈라고 부르기도 한다.

둘째, 대규모 인프라 모니터링이다. 각국 정부는 부동산을 모니터링함에 있어서 어려움을 겪고 있다. 수동 관리는 관리 자체가 어렵고 토지 개발을 식별하는 데 종종 불충분한 것으로 판명된다. 이러한 과제는 자산 모니터링 및 관리를 자동화하기 위해 정부에 AI를 포함시키는 길을 열어 준다.

프랑스 컨설팅 회사인 캡제미니(Capgemini)는 구글(Google)과 제휴해 항공사진을 분석함으로써 신고되지 않은 부동산을 찾아낼 수 있는 AI 소프트웨어를 개발했다. 이 소프트웨어는 프랑스 전역에서 신고되지 않은 수영장 2만 개를 찾아냈고, 이 발견은 프랑스 세무 당국이 추가로 1000만 유로를 징수하는 데 도움이 되었다. 더욱이 당국은 이 소프트웨어를 사용해 신고되지 않은 테라스, 전망대, 주택 확장을 식별할 것이라고 밝혔다.

셋째, 대량의 데이터 처리다. 미국의 공공기관 종사자들을 위한 잡지인 ≪거버닝(Governing)≫의 보고서에 따르면 지방 정부 공무원의 53%가 수동 서류 작업, 데이터 수집, 보고 등의 낮은 운영 효율성으로 인해 제 시간에 업무를 완료하지 못하는 것으로 나타났다. AI 기술을 활용하면 전례 없는 속도 및 규모로 정부 업무를 자동화할 수 있다. OCR(optical character recognition) 데이터 입력 도구는 대용량 문서 자료를 몇 분 안에 처리할 수 있다. 예전처럼 레거시 시스템(legacy system)을 사용한다면 완료하는 데 몇 시간이 걸릴 것이다. OCR은 디지털 이미지 내에서 텍스트를 인식하는 기술이다. 스캔한 문서와 이미지에서 텍스트를 인식하는 데 일반적으로 사용된다. 레거시 시스템은 더는 사용자의 기대를 충족시키지 못하는 복잡하고 오래된 시스템, 기술 또는 소프트웨어다.

넷째, 챗봇을 이용한 작업 자동화다. 미 육군 모집 웹사이트에서는 가상 비서 챗봇인 SGT STAR를 사용하고 있으며 지금까지 천만 건이 넘는 공개 질문에 답변했다. SGT STAR에서 SGT(sergent)는 미 육군의 하사를 의미하고, STAR는 strong, trained and ready(강하고 훈련되고 준비된)의 약자다. 이름이 '스타'인 '하사', 즉 '스타 하사'다. 이것은 미국 육군에 대한 질문이 있지만 어디서 찾아야 할지 정확히 모를 때 웹이나 스마트폰 앱에서 물어볼 수 있는 챗봇이다.

다섯째, 사이버 공격 예방이다. 2022년 마이크로소프트(Microsoft)는 20개국에 걸쳐 140개 이상의 위협 그룹과

40개 이상의 국가 행위자(state actors or state-sponsored actors)를 적극적으로 추적하는 사이버 시그널스(Cyber Signals)라는 도구를 개발했다. 국가 행위자란 국가를 대신해 행동하거나 지시하는 사이버 운영자를 말한다. 악의적인 집단을 식별하고 태그(tag)를 지정해 여러 정부기관 간에 정보를 공유하는 데 도움이 된다. 사이버 시그널스는 마이크로소프트의 최신 위협 데이터 및 연구를 바탕으로 분기별로 공지하는 사이버 위협 정보 제공 서비스다. 현재의 위협 환경, 위협 행위자가 사용하는 최신 전술 및 기술에 대한 전문가의 관점을 제공한다. 태그는 인터넷이나 스마트폰 앱에서 데이터나 콘텐츠를 설명하는 핵심어 또는 꼬리표다. 태그는 정보나 의미 자체를 전달하지 않지만, 검색과 유관한 정보 간의 연결에는 매우 유용하다.

여섯째, 더 스마트한 정책 결정이다. 벨기에 기술 회사인 시티즌랩(CitizenLab)이 개발한 AI 크라우드소싱(crowdsourcing) 도구는 벨기에 당국이 2019년 기후 변화 시위 중 대중의 요구를 이해하는 데 사용되었다. 그 결과 벨기에는 여론을 통해 선별된 열다섯 가지 기후 행동 우선순위 정책을 정의할 수 있었다. 크라우드소싱은 일반적으로 인터넷을 통해 많은 사람들에게 특정 작업이나 프로젝트에 대한 정보 또는 아이디어를 구하고 얻는 것을 말한다.

정부 AI 활용의 위험과 과제

공공 활용 기술은 민간 부문에서 개발된 기술보다 더 높은 수준의 책임성과 규정 준수를 요구한다. 이로 인해 정부에서 AI를 채택하는 데 몇 가지 주요 과제와 위험이 발생한다.

첫째, AI 전문성 부족이다. 정부 직원은 대규모의 시민 데이터를 처리하고 대중에게 혜택을 주는 최첨단 AI 모델을 구축하는 데 필요한 데이터 과학 및 AI 기술이 부족한 경우가 많다.

둘째, 동기 부족이다. 일반적으로 정부 직원은 기존 작업 흐름에 익숙하다. 기존 조직 문화는 AI 채택에 중요한 연구 개발(R&D) 기반 환경을 장려하지 않는다.

셋째, 공정성과 평등의 도전이다. 예를 들어, 정부 기관에서 사용하는 안면 인식 보안 및 감시 시스템은 시민의 신원을 잘못 판단하여 시민에 대한 허위 법적 조치로 이어질 수 있다.

넷째, 개인 정보 보호에 대한 우려다. 예를 들어, 접촉자 추적 및 자가 보고 애플리케이션은 팬데믹 기간에 심

각한 의료 개인 정보 보호 문제를 제기했다. 또한, 대부분의 정부 기관은 AI 시스템 개발을 아웃소싱하므로 시민 데이터를 제3자 회사와 공유하게 된다.

다섯째, 윤리 및 책임 부족이다. 정부 기관은 투명성, 경쟁 가능성 및 책임성을 보장하기 위해 AI 수명 주기의 다양한 단계에서 윤리적인 AI 지침을 채택하고 시행해야 한다. 그러나 대부분의 공공 부문 AI 이니셔티브는 윤리적인 AI 정책을 효과적으로 실행하기에는 자금과 인력이 부족하다. 정부는 AI 문화 구축을 시작하고 직원 인식을 높여야 한다. 정부는 파일럿 프로젝트로 시작하는 동시에 장기적으로 지속 가능한 AI 채택을 촉진하는 법안을 통과시킬 수 있다.

참고문헌

Boddington, P.(2023). *AI ethics: A textbook*. Springer.
European Parliament(2023). Artificial intelligence: threats and opportunities. Article.
Sajd, H.(2023). 7 Practical applications of AI in government. https://www.v7labs.com/blog/ai-in-government.
Wester, D.(2019). *The future of work: Robots, AI, and automation*. Brookings Institution Press.

02
인공지능과 선거

2024년 파키스탄, 인도, 인도네시아의 선거 캠페인은 AI가 선거 방식을 얼마나 놀랍고 예상치 못한 방식으로 변화시키고 있는지 엿볼 수 있게 한다. 생성형 AI로 만든 후보자의 만화 아바타부터 이미 고인이 된 유명 인사의 마치 살아 있는 듯한 유세 영상, 기조연설을 작성하는 감정 추적 챗봇에 이르기까지, 각 정당은 발명가가 상상하지 못했던 방식으로 새로운 기술을 배포했다. AI의 장점을 최대화하고, 단점을 보완하기 위한 법적 · 윤리적 기준 마련이 필요하다.

AI와 MBTI?

AI 활용 선거의 실제 사례

2024년 초 인도네시아 총선에서 서부 자바 지역에 출마한 파라 날리아(Farah Nahlia) 후보는 페밀루.AI(Pemilu.AI)라는 프로그램을 통해 자신이 유세하러 가는 곳마다 그 지역의 인구부터 지역 소셜 미디어의 유권자 정서 분석 보고까지 받았다. 페밀루.AI는 말하자면 개인 정치 컨설턴트였다. 2024년 총선에서 페밀루.AI 프로그램을 구입할 재정 능력을 갖춘 후보 약 700명이 이 프로그램을 이용했다. 페밀루는 인도네시아어로 '선거'를 뜻하는 단어다. 인도네시아의 일반 선거를 의미하며, 대통령 · 부통령 · 의회 의원 등을 선출한다.

이 선거에서 인권 유린 혐의로 시달렸던 전직 특수부대 사령관 프라보워 수비안토(Prabowo Subianto)는 생성형 AI를 이용해 자신을 통통한 만화 아바타로 표현함으로써 이미지 변신에 성공했다. 그런가 하면 2024년 초 파키스탄 총선에서는 AI가 임란 칸(Imran Khan) 전 총리의 옥중 선거 운동을 도와 승리로 이끌었다. 옥중에서는 비디오 및 오디오 촬영이 금지됐기 때문에 칸 전 총리는 메모밖에 외부로 내보내지 못했지만, AI가 그 메모와 칸 전 총리의 과거 영상을 결합해 생생한 유세 영상, 즉 딥페이크 비디오 네 개를 만들어 냈다.

그뿐 아니다. 2024년 인도 총선에서는 죽은 정치인들이 살아 있는 사람들을 지지하기 위해 부활했다. 인도 영화와 정치의 아이콘인 무투벨 카루나니디(Muthuvel Karunanidhi)는 2018년에 사망했음에도 불구하고 2024년 상반기 6개월 동안 언론 행사와 정치인들의 출판기념회에 모습을 드러냈다.

이 딥페이크 영상을 만든 기술 회사 뮤오늄(Muonium)의 설립자 센틸 나야감(Senthil Nayagam)은 2024년 인도 선거를 앞두고 마하트마 간디(Mahatma Gandhi)를 포함한 전·현직 인도 정치 지도자 45명의 목소리를 복제해 두었다고 한다. 현 지도자가 별로 인기가 없는 경우, 정당에서는 소중한 전 지도자의 딥페이크를 제작할 수 있기 때문이었다. 2024년 AI를 소재로 제작돼 한국에서 개봉된 탕웨이 주연의 영화 〈원더랜드〉의 한 장면을 연상케 하는 이야기다.

AI 활용 선거 운동에 대한 규제론

2024년 11월 치러질 미국 대통령 선거를 앞두고 AI 딥페이크가 투표를 훼손할 가능성에 대한 우려가 높았다. 2024년 1월, 오픈AI(OpenAI)는 민주당 대선 후보로 출마한 딘 필립스(Dean Phillips)의 AI 버전과 유권자가 대화할 수 있는 봇 개발자가 그것을 사용하지 못하도록 금지했다. 2024년 1월, 조 바이든(Joe Biden) 미국 대통령을 사칭하는 가짜 자동 녹음 전화가 유권자들에게 예비 선거에 참여해 투표하지 말고 바로 본선으로 건너뛰도록 촉구하는 일도 있었다. 미국 선거에서 예비 선거는 본선거 못지않게 중요하거나 때로는 본선거보다 더 중요하다.

AI 활용 선거 운동에 대한 규제론이 등장하는 것은 당연하다. 2024년 2월 중순, 마이크로소프트, 메타(Meta), 구글, 아마존(Amazon), 엑스, 오픈AI, 틱톡(TikTok)을 포함한 거대 기술 기업들은 AI 도구가 전 세계 민주 선거를 방해하는 데 사용되는 것을 방지하기 위해 자발적으로 '합리적인 예방 조치'를 채택하는 협약에 서명했다. 구체적으로 이 협정은 후보자와 '기타 주요 이해관계자'의 외모, 음성 또는 행동을 '기만적으로 위조'하는 오디오, 비디오 및 이미지를 포함하여 '유권자를 속이기 위한 유해한 AI 생성 콘텐츠'에 대응하는 것을 목표로 한다.

호주에서도 선거관리위원회(AEC)의 대변인이 "AI와 딥페이크, 그리고 이들이 선거 과정에 대한 잘못된 정보나 허위 정보의 잠재적 벡터로 제시하는 위험에 대해 경고하고 있다"라고 말했다. 딥페이크 선거 운동에 대한 각국의 규제 현황을 살펴보면, 2024년 한국 국회의원 선거에서는 90일 전부터, 미국 캘리포니아는 선거 60일 전부터, 텍사스는 30일 전부터 딥페이크 선거 운동이 전면 금지되며, 유럽연합은 표기를 의무화하고 있다. 그러나 미국 투표를 훼손하는 딥페이크에 대한 모든 정당한 우려에도 불구하고 일부 전문가들은 위험을 과장하는 것이 민주주의에 해로울 수 있다고 말한다.

미국의 선거 규제 기관에서는 합성으로 생성된 이미지를 사용하는 캠페인에 대한 공개를 요구하려고 한다. 악의적인 행위자가 이를 따르지 않더라도 이는 합리적이다. AI 기업들도 가짜 뉴스의 영향력을 차단하는 데 주력한다. 챗지피티(ChatGPT)를 운영하는 오픈AI는 정치적 영향력을 행사하는 활동을 탐지하기 위해 사용량을 모니터링할 것이라고 밝혔다. 알파벳(Alphabet)과 메타는 정치 광고에서 조작된 미디어의 사용을 금지하고 딥페이크에 신속하게 대응한다고 밝혔다. 다른 회사들은 실제 이미지와 비디오의 출처를 확립하는 기술 표준을 만들기 위해 노력하고 있다.

미국 일부에서는 중국식 극단적 규제 시스템을 요구하고 있다. 중국에서 AI 알고리즘은 정부 기관에 등록되어야 하며 어떻게든 사회주의 핵심 가치를 구현해야 한다. 그러한 강력한 통제는 미국이 AI 혁신에서 갖는 이점을 약화시킬 것이다.

AI는 선거에 큰 영향을 미칠까?

2024년은 미국, 영국, 인도, 인도네시아, 멕시코, 대만을 포함해 총 40억 명 이상의 유권자들이 자국의 지도자를 선출하는 선거에서 투표를 하는 해다. 그만큼 허위 정보 캠페인이 더욱 강화될 수 있다는 우려가 있다.

우선 AI로 인해 허위 정보의 양이 기하급수적으로 많아질 수 있다. 그로 인해 사람들이 다르게 투표하도록 설득될 수 있다.

두 번째는 허위 정보의 품질에 관한 것이다. 초현실적인 딥페이크는 허위 오디오, 사진, 비디오가 사실이 아님이 밝혀지기 전에 유권자들을 동요시킬 수 있다.

세 번째는 마이크로 타깃팅(micro targeting)이다. AI를 사용하면 유권자는 고도로 개인화된 대규모 선전을 접할 수 있다. 마이크로 타깃팅은 사람들이 무엇을 좋아하는지, 누구와 연결되어 있는지, 인구 통계학적 특징이 무엇인지, 무엇을 구매했는지 등의 데이터를 사용해 공략 대상을 소그룹으로 분류하는 선거 운동 전략이다. 흥미롭고 도움이 되는 콘텐츠를 전달하는 데 도움이 될 수 있지만, 어두운 면도 있다. 특히, 부정확하거나 편향된 선전으로 투표에 영향을 미치려는 정보를 전달하는 경우에는 더욱 그렇다.

벌써 기술 전문가들이 경보를 울리고 있다. 구글의 전 최고 경영자인 에릭 슈미트(Eric Schmidt)는 "소셜 미디어가 거짓 생성 AI로부터 우리를 보호하지 않기 때문에 선거는 혼란스러울 것"이라고 경고했다. 챗지피티의 스타트업인 오픈AI의 최고 경영자 샘 알트만(Sam Altman)도 최근 AI가 향후 선거에 미칠 영향에 대해 "(적어도 모든 사람이 익숙해질 때까지는) 불안하다"라고 게시했다. 선거 광고에서 'AI 사용'이라고 밝히는 것만으로는 불충분하다는 지적도 있다.

과연 AI 기술은 선거에 지대한 영향을 미칠까. AI의 새로운 이미지 생성 알고리즘은 인상적이지만, 그것이 유권자의 선택을 바꾸리라는 것을 증명하기는 어렵다. 2020년 바이든 선거 캠페인의 최고 기술 책임자인 재키 창(Jacky Chang)은 AI가 훨씬 더 매끄럽고 더 표적화된 호소력을 발휘할 수 있다고 가정하더라도 AI가 2024년 대선에 큰 영향을 미칠 것이라고는 믿지 않는다.

생성형 AI를 이용한 딥페이크 영상이 인간 후보의 견해와 행동을 잘못 표현할 수 있지만, 선거는 그 이상으로 엄청나게 복잡하다. 사람들은 기존 데이터로 훈련된 기계보다 더 복잡하고 예측 불가능하다.

영국의 좌파 기술 네트워크인 캠페인 랩(Campaign Lab)의 공동 창립자인 한나 오루크(Hannah O'Rourke)는 생성형 AI가 선거에 미치는 영향에 대해 "이 기술은 허위 정보 측면에서 몇 가지 중요한 위험을 초래하지만, 우리가 무시할 수 없는 캠페인에 대한 몇 가지 중요한 기회도 제공한다"라고 말했다. 캠페인 랩은 노동당 및 자유민주당 운동가들을 대상으로 챗지피티를 사용해 선거 전단지의 첫 번째 초안을 만드는 방법에 대한 교육 과정을 운영한다.

AI 기술의 강력한 힘과 방대한 양의 데이터를 처리하는 능력은 유권자와 유권자가 생각하고 느끼는 것에 대한 훨씬 더 깊은 통찰력을 제공할 것을 약속한다. 정보 왜곡과 가짜 뉴스 생성의 위험은 AI로 인해 처음 나타나는 현상이 결코 아니다. AI가 등장하기 전에도 허위 정보는 이미 민주주의 국가에서 문제였다. 과거에는 항상 허위 정보가 인간에 의해 만들어졌다. AI의 등장으로 인해 그 양상이 달라졌다. 정교한 에세이를 작성하고 텍스트 프롬프트(text prompt)에서 사실적인 이미지를 생성할 수 있는 모델을 갖춘 생성형 AI의 발전으로 합성 선전이 가능해졌다. 텍스트 프롬프트란 챗지피티를 비롯한 다양한 인공지능 앱에 텍스트로 넣어 주는 입력 값을 말하며, 출력물은 텍스트일 수도 있고 노래일 수도 있고 동영상일 수도 있다.

참고문헌

김주희 외(2023). 『생성형 AI 신기술 도입에 따른 선거 규제 연구』. 국립부경대학교 산학협력단.

Schneier, B., & Sanders, N.(2023). Six ways that AI could change politics. https://www.technologyreview.com/2023/07/28/1076756/six-ways-that-ai-could-change-politics/

The Economist(2023). AI will change American elections, but not in the obvious way. https://www.economist.com/united-states/2023/08/31/ai-will-change-american-elections-but-not-in-the-obvious-way

The Economist(2023). How worried should you be about AI disrupting elections?. https://www.economist.com/leaders/2023/08/31/how-artificial-intelligence-will-affect-the-elections-of-2024

03
인공지능과 의회

AI는 의회 정치에서도 점차 중요한 역할을 하고 있다. AI는 입법 과정, 의정 활동, 시민과의 소통 등 다양한 분야에서 활용되며, 의회 정치의 효율성과 투명성을 높이는 데 기여하고 있다. AI는 법률의 제정, 수정, 폐지 등 의회의 다양한 입법 활동을 지원함으로써 더 효율적이고 공정한 법률 체계 구축에 기여할 수 있다. 입법자는 이제 AI가 제공하는 데이터를 분석하고, 이를 기반으로 정책을 수립하는 능력을 갖추어야 한다. 이 장에서는 AI가 의회 정치에 어떻게 활용되는지, 그 장단점과 향후 과제를 다룬다.

AI와 난임 극복?

의회 정치의 AI 활용 영역

의회 정치에서 AI를 도입해 효율성을 높일 수 있다. 의회는 기본적으로 법안 제정, 예산안 검토, 예산 사용을 비롯한 정부 부처 업무에 대한 감시 기능을 수행한다. AI를 의회에 도입하면 방대한 양의 자료를 검토하고 분석하는 일은 사람보다 AI가 훨씬 뛰어나다. 또한, 법안과 예산안 처리 속도가 매우 빠르고, 정부 기관을 더 잘 감시할 수 있다. 따라서 법안 심의 및 통과에 필요한 비용과 시간을 대폭 절감하고 심의 기간을 단축하는 등 효율화를 도모할 수 있다.

우선 AI는 방대한 양의 법률 데이터를 분석해 입법 과정에 필요한 정보를 제공한다. 유사한 법률 사례를 분석해 새로운 법안 작성에 참고할 수 있다. 또한, 법률 초안을 작성하고 수정하는 데 도움을 준다. AI 기반 자연어 처리 기술은 법률 문서를 분석하고, 기존 법률과의 충돌 여부를 확인하며, 필요한 경우 자동으로 수정안을 제안할 수 있다. 이는 입법자의 업무 부담을 줄이고 법률 제정의 효율성을 높이는 데 기여한다. 입법자는 AI를 활용해 사회적 문제와 그 원인을 파악하고, 더 정확한 정보에 기반해 법률을 제정할 수 있다. 예를 들어, AI는 범죄율 · 실업률 · 환경 오염 등 다양한 사회 문제에 대한 데이터를 분석해 효과적인 법률 제정의 기초 자료를 제공한다.

AI는 공청회나 토론회에서 나온 다양한 의견을 분석해 입법자에게 제공할 수 있다. 이를 통해 입법자는 많은 이해관계자의 의견을 종합적으로 검토할 수 있으며, 더 공정하고 균형 잡힌 법률을 제정할 수 있다. AI를 활용한 데이터 분석과 예측 모델은 더 과학적이고 객관적인 입법 과정을 가능하게 한다. 이는 기존의 경험과 직관에 의존하던 방식에서 벗어나 데이터와 알고리즘 기반의 의사 결정을 가능하게 해 법률의 실효성을 높인다.

AI는 시민과 의회 간의 소통을 강화하는 데에도 기여한다. 예를 들어, AI 기반의 챗봇은 시민들의 질문에 실시간으로 답변하고, 정책에 대한 의견을 수렴할 수 있다. 이를 통해 시민들은 의회의 활동에 더 적극적으로 참여하고, 의회는 시민들의 의견을 정책에 반영할 수 있다.

AI를 활용하면 의회 운영의 각종 실무를 더욱더 효율적으로 수행할 수도 있다. 의사일정 관리, 문서 처리, 회의록 작성 등 반복적이고 시간이 많이 소요되는 업무를 자동화할 수 있다. 이를 통해 의회의 운영 효율성을 크게 향상할 수 있다.

미국 연방 의회의 AI 활용

미국 연방 의회는 법안 분석, 정책 시뮬레이션, 도서관 자료 관리에 AI를 활용한다.

미국 의회조사국(CRS)은 AI를 이용해 법안을 분석하고 관련 정보를 제공하는 시스템을 운영하고 있다. 이 시스템은 법안의 주요 내용을 요약하고, 기존 법률과의 관계를 분석해 입법자들에게 제공한다. 이를 통해 입법자는 법안을 더 신속하게 이해하고 검토할 수 있다.

미국 연방의회예산국(CBO)은 AI를 활용해 경제 정책의 영향을 시뮬레이션한다. AI는 경제 모델을 분석하고, 정책 변화가 경제에 미치는 영향을 예측한다. 경제, 사회, 환경 데이터를 분석해 특정 정책이 경제 성장, 실업률, 환경 보호 등에 미치는 영향을 예측할 수 있다. AI는 세금 정책 변경이 경제 성장과 재정 수입에 미치는 영향도 분석한다. 이를 통해 의회는 예산 편성과 정책 결정에서 정확한 정보를 바탕으로 결정을 내릴 수 있다.

미국 의회도서관(LOC)은 AI를 이용해 방대한 양의 자료를 관리하고 있다. AI 기반 검색 시스템은 사용자에게 필요한 정보를 신속하게 제공하며, 문서의 자동 분류와 요약을 통해 도서관 운영의 효율성을 높이고 있다. AI 기반 검색 엔진과 데이터베이스 관리 시스템은 의회 도서

관과 정보 서비스의 효율성을 극대화한다. 이는 입법자와 연구자들이 필요한 자료를 더 쉽게 접근할 수 있도록 돕는다.

그러나 입법 과정에서 다루는 데이터에는 민감한 정보가 포함될 수 있으며, 이를 보호하기 위한 법적 규제와 보안 조치가 필요하다. AI 시스템이 수집하고 처리하는 데이터의 안전성을 보장하는 것이 중요하다. 또한, AI 기술의 활용은 입법자 간의 기술적 격차를 초래할 수 있다. AI에 대한 접근성과 활용 능력이 부족한 입법자는 뒤처질 수 있다. 이를 해결하기 위해 AI 교육과 훈련 프로그램을 강화하고, 기술 지원을 제공해야 한다.

의회의 AI 활용이 갖는 장단점

미국에서는 이미 AI가 법안의 초안을 작성한 사례가 존재한다. 물론 인간 사용자의 지시에 따라 인간 입법자가 도입한 법안이다. AI가 작성한 법안의 사례가 일찍이 매사추세츠주 의회와 미국 하원에 소개되었다. 그 후 많은 주요 입법 기관에서 'AI가 작성한 첫 번째 법안'을 보유하거나, '챗지피티를 사용해 위원회 발언을 작성한' 경험을 갖게 되었다. AI가 생성하고 AI의 이름으로 제출된 증언이나 논평을 입법부나 기관이 수락한 셈이다.

물론 이들 법안과 연설 중 상당수는 진정성이 부족하고, 점수를 얻기보다는 비판을 더 많이 받았다. 내용이 짧거나 사소한 수준의 정책에 불과한 경우도 있었기 때문에, 인간 입법자가 크게 편집하거나 생성형 AI에 새로운 지시를 입력해야만 했다. 즉, 챗지피티와 같은 대규모 언어 모델을 기반으로 한 AI 도구의 프롬프트에 매우 구체적인 지시 사항을 입력해 더 심층적인 출력을 얻는 수고를 인간 입법자가 한 것이다. 프롬프트는 AI를 작동시키기 위해 사용자가 언어 모델에 입력하는 모든 것이라고 할 수 있다. 예를 들어 명령, 지시, 질문, 요청 등을 모두 포함한다.

그러나 이제 AI가 전적으로 작성해 기관에 제출한 의견을 받아들이지 않으면 안 된다. 확실히 앞으로 모든 글쓰기의 상당 부분은 AI 보조 기술의 도움을 받을 것이며, 실제로 그 혜택을 받을 것이다. 다만, 거기에 'AI의 이름으로 제출됨'이라는 조항을 추가해야 한다.

AI 자신의 이름으로 제출된다는 점이 중요하다. 즉, AI가 공개 토론에서 합법적인 관점을 제공한 것으로 기관이 수용하는 것이다. ≪뉴욕타임스(The New York Times)≫는 독자가 신문을 읽고 작성한 의견에 대해 챗지피티의 이름으로 답변했으며, 입법자들은 이미 위원회의 청문회에서 주목받는 개회 연설문을 작성하기 위해 AI를 활용하고 있다.

AI가 법안에 대한 단순한 의견 개진의 차원을 넘어서, AI가 생성한 정책이 법으로 제정될 수 있는 경로가 있다. 바로 마이크로 법안(microlegislation)이다. 마이크로 법안이란 제안된 법안에서 소수의 이익을 충족시키는 작은 부분들을 가리키는 용어다. 여기에는 기존 법률이나 제출된 법안을 특정한 이익을 위해 조정하는 것이 포함된다. 범위가 좁고, 잘 정의된 목적과 관련된 명확한 지시에 따라 작은 변경이 이루어지기 때문에, AI가 법안을 작성함에 있어서 자연스러운 출발점이 된다.

일례로 오바마 대통령이 건강 보험 개혁안을 의회에 제출했을 때 이에 대한 수정 법안은 564개에 달했고, 개혁안의 입법 과정에 자신들의 입장을 반영하려는 로비 단체는 866곳에 달했다. 이런 상황에서 AI는 특정 수혜 집단을 감추면서 수정안을 내는 데에 아주 적절하게 악용될 수 있는 것이다.

미국 연방 의회의 의원들은 AI를 규제하기 위해 신중하고 초당적인 조치를 취하고 있다. 입법자와 규제 당국은 AI의 변화무쌍한 기술을 파악하기 위해 열심히 노력하고 있다. 업계 자체도 어느 정도 규제를 요구하고 있다. 더 나은 출발점은 정부가 이미 AI를 규제하고 있다는 사실을 인식하는 것이다. 이미 많은 법률에서 AI 사용을 다루고 있다.

의회는 또한 너무 강력하다고 판단되는 AI 모델과 칩에 대한 수출 통제를 고려할 수도 있다. 빅테크(bigtech)를 규제하기 위한 기관을 창설하거나, 기관의 AI 전문성을 강화할 수도 있을 것이다. 빅테크란 세계적인 IT 기업들을 일컫는다. 여기에는 일반적으로 미국의 빅5 기술 회사인 알파벳, 아마존, 애플(Apple), 메타 및 마이크로소프트가 포함된다.

참고문헌

심우민(2017). 인공지능과 법패러다임 변화 가능성: 입법 실무 거버넌스에 대한 영향과 대응 과제를 중심으로. ≪법과사회≫, 56, 351-385쪽.

전황수·허홍석(2019). AI가 가져올 정치의 변화. ≪ETRI Insight Report≫. 2019-41, 1-7쪽.

Schneier, B., & Sanders, N.(2023.7.28). Six ways that AI could change politics. *MIT Technology Review*. https://www.technologyreview.com/2023/07/28/1076756/six-ways-that-ai-could-change-politics/

The Economist(2023.6.29). AI is making Washington smarter. https://www.economist.com/united-states/2023/06/29/ai-is-making-washington-smarter

Wheeler, B.(2023.3.29.). Could artificial intelligence benefit democracy?. *BBC News.* https://www.bbc.com/news/uk-politics-68627916

04
인공지능과 정당

AI는 정당의 운영 방식에 혁신적인 변화를 불러오고 있다. 당원 모집, 당원 관리, 당원 교육, 정책 홍보, 쟁점 대응, 전당 대회 운영, 리더십 변화 등 다양한 분야에서 AI의 활용은 정당 운영의 효율성과 효과를 극대화하고 있다. AI는 각국 주요 정당들의 선거 전략에도 크게 영향을 미쳤다. 즉, AI를 통해 유권자 분석, 맞춤형 메시지 전달, 실시간 여론 분석, 가짜 뉴스 차단 등 다양한 분야에서 선거의 효율성과 효과를 높였다.

AI와 사주?

AI와 정당 운영의 일곱 가지 변화

우선 AI는 정당의 당원 모집 과정에서 중요한 역할을 한다. AI 기반의 데이터 분석은 잠재적 당원들의 성향과 관심사를 파악해 맞춤형 모집 전략을 수립하는 데 도움을 준다. 소셜 미디어와 검색 데이터를 분석해 정치적 관심이 높은 사용자들을 식별하고, 이들에게 맞춤형 가입 권유 메시지를 보낸다. 이를 통해 모집 효율성을 높이고, 당원 수를 증가시킬 수 있다.

또한, AI는 당원 관리의 효율성을 극대화한다. AI 시스템은 당원의 활동 내용, 기부 내용, 참여도 등을 실시간으로 분석하여 맞춤형 관리 전략을 제공한다. 예를 들어, 당원의 관심사에 맞는 행사나 활동을 추천하거나, 기부의 잠재력이 큰 당원을 식별해 맞춤형 기부 요청을 보낼 수 있다. 이를 통해 당원의 참여도를 높이고, 충성도를 강화할 수 있다.

AI는 당원 교육 프로그램을 개인화하고, 효과적으로 제공하는 데 중요한 역할도 한다. AI 기반의 교육 플랫폼은 당원의 학습 성향과 수준을 분석해 맞춤형 교육 콘텐츠를 제공한다. 또한, AI는 학습 진도를 실시간으로 모니터링하고, 추가 학습이 필요한 부분을 추천함으로써 교육 효과를 극대화한다. 이를 통해 당원은 필요한 지식

과 기술을 효율적으로 습득할 수 있다

AI는 정당 홍보에서도 핵심적인 도구로 활용된다. AI는 광고 캠페인의 효과를 실시간으로 분석하고, 최적의 타깃팅 전략을 제안해 홍보 효과를 극대화한다. 예를 들어, 특정 이슈에 대한 대중의 반응을 분석해 그에 맞춘 메시지를 전달함으로써 지지층을 확대할 수 있다.

한국의 경우 더불어민주당이 'AI 미디어센터'를 운영해 다양한 AI 기술을 활용하고 있다. 이 미디어센터는 AI를 통해 실시간 뉴스 생중계, 유권자 참여 유도, 정책 홍보 등을 수행하며, 당의 메시지를 효과적으로 전달한다. 이를 통해 당의 활동을 적극적으로 홍보하고, 유권자와의 소통을 강화하고 있다.

AI는 쟁점(issues) 대응에 있어서도 일역을 담당한다. 특정 이슈에 대한 부정적인 여론이 확산될 경우, AI는 이를 빠르게 감지하고 적절한 대응 메시지를 추천한다. 예를 들어, 후보자의 연설 내용을 분석해 유권자에게 긍정적인 반응을 얻을 수 있는 발언을 추천하거나, 논란이 될 수 있는 발언을 피하도록 조언한다.

AI는 전당 대회 운영의 효율성을 높이는 데에도 기여한다. AI 기반 시스템은 전당 대회의 일정 관리, 참가자 등록, 행사 진행 등을 자동화해 운영 효율성을 극대화한다. 또한, AI는 참가자의 관심사와 성향을 분석해 맞춤형 프로그램을 제공함으로써 참가자의 만족도를 높일 수 있다. AI는 참가자가 관심 있는 세션을 추천하거나, 네트워킹 기회를 제공할 수 있다.

AI는 정당의 리더십 변화에도 영향을 미친다. AI는 다양한 시나리오 분석을 통해 최적의 전략을 제안하거나, 리더십 스타일에 맞는 조언을 제공할 수 있다. 이를 통해 정당의 리더들은 더 효율적이고 효과적으로 조직을 이끌 수 있다.

AI와 영국 정당

영국의 정치 정당들은 AI를 선거 전략, 유권자 분석, 여론 형성 등 다양한 분야에서 활용하며 정치적 경쟁력을 강화하고 있다. 이 장에서는 영국 보수당, 노동당, 스코틀랜드국민당(SNP), 자유민주당(Lib Dem)의 AI 활용 사례를 살펴보고 그 효과와 도전 과제를 논의한다.

영국 보수당은 AI를 통해 유권자 데이터를 분석하고 맞춤형 캠페인 메시지를 전달했다. AI 알고리즘은 소셜 미디어, 검색 데이터, 설문 조사 등을 통해 유권자의 성향과 관심사를 파악했다. 이를 바탕으로 보수당은 지역별, 연령대별 맞춤형 공약을 제시해 유권자와 소통했다.

예를 들어, 경제 안정성과 세금 감면에 대한 메시지를 경제적으로 보수적인 유권자들에게 강조했다. 경제적으로 보수적인 유권자들이란 작은 정부를 선호하는 유권자들이다. 작은 정부를 주창하는 사람들은 세금을 감면해 주고 규제를 철폐하거나 완화해 경제 활동을 자유롭게 하면, 기업은 생산을 늘리고 고용을 증대시켜 중산층과 저소득층의 소득이 증가한다고 주장한다.

영국 노동당은 AI를 활용해 선거 캠페인 전략을 최적화했다. AI는 과거 선거 데이터와 현재의 여론 동향을 분석해 최적의 캠페인 전략을 제시했다. 이를 통해 노동당은 자원을 효율적으로 배분하고, 가장 효과적인 시간과 장소에서 유세를 진행할 수 있었다. 예를 들어, AI는 특정 시간대에 소셜 미디어를 통해 집중적으로 메시지를 전달하거나, 중요한 지역에서 집중 유세를 펼치는 전략을 제안했다.

스코틀랜드국민당의 경우 AI가 당의 캠페인 메시지를 맞춤화하는 데 중요한 역할을 했다. AI 알고리즘은 유권자 데이터를 분석해 각 지역과 연령대에 맞는 메시지를 생성했다. 이를 통해 스코틀랜드국민당은 각 유권자 그룹의 관심사와 우려를 반영한 메시지를 전달할 수 있었다.

자유민주당은 AI를 통해 환경 정책을 강조하는 맞춤

형 메시지를 전달했다. AI는 유권자 데이터를 분석해 환경 문제에 관심이 많은 유권자들에게 집중적으로 메시지를 전달했다. 이를 통해 자유민주당은 환경 보호에 대한 강력한 입장을 효과적으로 알릴 수 있었다.

AI와 정당 체제 및 권력 구조

AI의 도입은 양당제냐 다당제냐 하는 정당 체제에 따라 그 효과가 다르게 나타난다. 양당제에서는 AI가 두 주요 정당 간의 경쟁을 더욱 치열하게 만들 수 있으며, 다당제에서는 AI가 소수 정당의 영향력을 증대시키는 역할을 할 수 있다. 그러나 AI의 활용은 데이터 접근성과 기술적 역량에 따라 정당 간 불균형을 초래할 수도 있다. 따라서 정당 체제의 변화는 AI 기술의 보급과 접근성에 크게 좌우될 것이다.

소수 정당의 AI 활용 사례를 살펴보자. 독일의 소수 정당인 자유민주당(FDP)은 AI를 통해 경제 정책을 강조하는 맞춤형 메시지를 전달한다. AI는 유권자 데이터를 분석해 경제 문제에 관심이 많은 유권자들에게 집중적으로 메시지를 전달하는 것이다. 이를 통해 자유민주당은 경제 성장과 자유 시장에 대한 강력한 입장을 효과적으로 알릴 수 있다.

캐나다의 퀘벡블록당(BQ)은 AI를 통해 지역 특화 캠페인을 전개했다. 예를 들어, 퀘벡의 문화와 언어 보호에 대한 관심이 높은 유권자들에게는 이러한 이슈를 강조하는 메시지를 전달했다. 캐나다의 또 다른 소수 정당인 녹색당은 AI를 통해 환경 정책을 강조하는 맞춤형 메시지를 전달했다. AI는 유권자 데이터를 분석해 환경 문제에 관심이 많은 유권자들에게 집중적으로 메시지를 전달했다.

AI의 도입은 대통령제냐 의원내각제냐 하는 권력 구조에 따라서도 그 효과가 상이하게 나타날 수 있다. 대통령제는 행정부와 입법부가 분리된 체제로, 미국과 한국이 대표적이다. AI는 대통령제하에서 행정부가 정책 결정을 내리는 데 필요한 데이터를 제공하고, 다양한 시나리오 분석을 통해 최적의 정책을 제안하는 역할을 한다.

의원내각제는 행정부와 입법부가 긴밀히 연결된 체제로, 영국과 일본이 대표적이다. AI는 의원내각제에서도 유사하게 유권자 분석과 캠페인 전략에 활용되지만, 여기서는 정당의 리더십 선출과 내각 구성에도 중요한 역할을 한다. 왜냐하면 의원내각제의 경우 당내 리더십 선출이 곧 행정부의 최고 지도자를 선출하는 것이기 때문이다. AI는 당내 선거에서 후보자의 자질과 유권자의 반응을 분석해 최적의 리더십 후보를 추천할 수 있다.

나아가 AI의 도입은 권력 구조에도 큰 변화를 가져올 수 있다. 대통령제에서는 AI가 대통령의 권한을 강화하고 정책 결정의 효율성을 높이는 반면, 의원내각제에서는 AI가 정당 간의 연합에 필요한 정책의 조정과 내각 구성 과정을 도울 수 있다. 그러나 AI의 활용은 권력 집중과 남용의 가능성을 높일 수 있으므로, 이를 통제하기 위한 법적 · 윤리적 기준이 필요하다.

참고문헌

Purtill, J.(2024). AI is changing how elections are fought, from deepfake endorsements to chatbot campaigners. *ABC News.* https://www.abc.net.au/news/science/2024-02-21/ai-elections-deepfakes-generative-campaign-endorsement-democracy/103483710?utm_campaign=abc_news_web&utm_content=link&utm_medium=content_shared&utm_source=abc_news_web

Sahota, N(2024). The AI Factor In Political Campaigns: Revolutionizing Modern Politics. *Forbes.* https://www.forbes.com/sites/neilsahota/2024/01/12/the-ai-factor-in-political-campaigns-revolutionizing-modern-politics/

Sanghamitra, K(2024). How Political Parties are using AI to bring personalities to life. *Mint.* https://www.livemint.com/ai/how-political-parties-are-u

sing-ai-to-bring-personalities-to-life-11715856542489.html.

05

인공지능과 시민 사회

AI는 우리가 글로벌 이슈를 해결하는 방식에 혁명을 일으키고 있지만 책임성, 공정성 및 투명성과 관련된 우려가 따른다. 시민 중심의 행동주의가 산업 혁명의 부정적인 영향을 해결하는 데 도움을 준 것처럼 시민 사회는 AI를 긍정적인 방향으로 조종하는 데 도움을 줄 수 있다. AI의 맥락에서 이는 더 다양하고 대표적인 데이터 세트를 장려하는 동시에 개인 정보 보호 권리를 보호한다는 의미일 수 있다. AI와 시민 사회의 상호작용을 살펴보자.

AI와 아이돌?

AI 시대와 시민 사회

사회 서비스 제공과 책임 보장에서부터 취약하거나 소외된 인구의 목소리 제고에 이르기까지 시민 사회는 AI 개발에 중요한 역할을 할 수 있다. 대부분의 사람들은 AI가 자신의 삶에 어떤 영향을 미칠지 정확히 확신하지 못한다. AI가 일상생활에서 수행할 수 있고 수행해야 하는 역할에 대한 좀 더 건설적이고 광범위한 인식을 위해 시민 사회는 AI의 이점을 촉진하고 위험을 완화하려는 글로벌 노력의 중요한 이해관계자가 되어야 한다.

전 세계적으로 AI의 개발과 확산의 가능성과 위험에 대해 많은 논의가 있었다. AI 신기술은 엄청난 경제 성장을 가져올 것으로 예상된다. AI 기술은 국가 간의 지정학적 경쟁을 불러일으키는 동시에 기후 변화, 예방할 수 있는 질병 및 차세대 전염병과 같은 글로벌 문제를 해결하는 방법에 혁명을 일으키고 있다. 실제로, 이는 이미 의사소통 방식부터 비즈니스 거래 방식에 이르기까지 우리 삶의 거의 모든 측면을 변화시키고 있다.

그러나 AI는 책임성, 공정성, 투명성과 관련된 문제도 제기한다. 이는 우리가 어떤 정보를 어떻게 소비하는지를 결정하고, 차별 · 편견 · 감시와 같은 문제로 인해 오랫동안 고통을 받은 집단에 위험을 초래하는 의사 결정 역할로 점점 더 옮겨 가고 있다. 이는 실업과 불평등에 대한 불안을 키우며, 나아가 인간 존재의 의미는 무엇이고 생산적이라는 것의 의미는 무엇인지, 그리고 자유 의지를 행사하는 것의 의미는 무엇인지 우려를 불러일으킨다.

이러한 문제를 해결하고 AI를 긍정적인 방향으로 이끌기 위해서는 시민 사회의 역할이 그 어느 때보다 중요하다. AI라고 하는 이 신흥 기술이 사회의 모든 부분에 어떻게 혜택을 줄 수 있는지에 대한 논의에서 시민 사회는 중요한 목소리를 제공한다.

20세기 초 산업 혁명 동안 시민 기반 운동의 부상은 노동자 권리와 삶의 질에 초점을 맞춤으로써 많은 부정적인 영향을 해결하는 데 도움이 되었다. 신앙에 기반을 둔 자선 단체, 노동조합 및 기타 조직화된 협회는 근로자 조건을 개선하고 새롭게 등장하는 위험을 줄이는 데 도움을 주었다. 그 이후로 시민 사회는 산업의 혜택이 공유되지 않을 때 노동자, 소외된 인구 및 기타 사람들을 옹호했다. 오늘날 시민 사회는 AI의 미래를 형성하는 데에서 비슷한 역할을 할 수 있다.

특히, 이제 정부와 업계가 의료, 금융 등 민감한 분야에 AI를 배포할 때 시민과 고객의 신뢰를 얻는 방법을 고

심하는 가운데, 시민 사회는 대화에 균형과 올바른 관점을 가져올 수 있다. 확인되지 않은 알고리즘과 데이터가 지배하는 세상에서 가장 큰 손실을 입게 될 사람들의 사각지대를 메우고 두려움을 완화할 수 있다.

시민 사회의 네 가지 역할

시민 사회는 AI의 개발과 확산에 네 가지 중요한 역할을 할 수 있다. 첫째, 시민 사회단체는 조직의 책무성과 투명성을 고무함으로써 우리가 AI의 윤리 원칙을 넘어 AI를 긍정적으로 활용하도록 도울 수 있다.

둘째, 취약하거나 소외된 인구의 목소리를 높일 수 있다. AI의 맥락에서 이는 더 다양하고 대표성을 지닌 데이터 세트를 장려함으로써 데이터 세트의 편향성을 줄이는 것을 의미할 수 있다. 또한, 개발도상국들이 중심을 이루는 남반구의 AI 리더들이 AI 거버넌스에 관한 국제 논의에 참여할 수 있도록 지원할 수도 있다.

셋째, 사회 서비스 제공을 위해 AI를 활용할 수 있다. AI는 공공재(public goods)를 보호하거나 개선하는 데 중요한 역할을 할 수 있다. 사명에 충실한 조직은 지역사회에 중요한 서비스를 제공해 사회 안전망(social safety network)의 격차를 메우는 경우가 많다. 기술 지원과 지도를 받음으로써 AI의 힘을 활용해 조직의 영향력을 강화할 수 있다. 예를 들어 패트릭맥거번재단(Patrick J. McGovern Foundation)의 '새로운 데이터 및 사회 이니셔티브(New Data and Society Initiative)'는 많은 조직에 데이터 및 AI 도구를 제공함으로써 조직들이 자원 활용을 극대화하거나 업무에 도움이 되는 새로운 통찰력을 얻도록 돕는다.

넷째, 다양한 행위자를 소집하고 커뮤니티를 구축할 수 있다. 시민 사회는 감시자, 옹호자 또는 서비스 제공자일 뿐만 아니라 AI 전문가, 데이터 제공자, 그리고 AI 솔루션을 필요로 하는 권리 단체 및 취약 집단을 포함한 다양한 행위자를 위한 의장 역할을 맡을 수 있다. AI 시스템의 광범위한 영향력을 고려할 때, 혼자 따로 일하는 사람들은 불가피하게 협력 장벽, 지식 부족, 서로 다른 이해관계 및 상충되는 인센티브를 비롯한 많은 도전에 직면하게 된다. 시민 사회는 이러한 격차를 해소하고 상호 협력을 지원할 필요가 있다.

정부, 기업, 시민 사회가 함께 참여하는 AI 거버넌스(governance) 체계가 구축되어야 한다. 그래야만 AI 기술의 책임감 있고 유익한 사용을 보장할 수 있다. 뉴질랜드와 싱가포르를 비롯한 많은 정부가 AI 거버넌스에 초점을 맞춘 기구를 설립하고 시민 사회를 포함한 국가적 논의를 주도함으로써 이러한 길을 선도하고 있다.

AI와 한국 시민 사회

한국 정부는 2020년대 들어 과학기술정보통신부와 4차 산업혁명위원회를 비롯한 산업 진흥 부처와 기구 주도하에 인공지능 정책을 발표했으며, 관련 입법 또한 빠른 속도로 추진하고 있다.

이에 대해 시민 사회에서는 비판의 목소리가 표출되었다. 인공지능으로 사람에 대한 처분이나 의사 결정에 이르도록 하면서 그 보호 방법이나 구제 절차에 대한 논의는 충분히 이뤄지지 못하였으며, 과학기술정보통신부가 주도하는 인공지능 정책은 산업계의 요구로 점철되어 있다는 지적이었다. 말하자면 정부 정책이 기업 이익에 편중되었다는 것이다.

국회 과학기술정보방송통신위원회는 2023년 2월 6일 법안 심사 소위에서 인공지능 법안을 통과시켰다. 의원들은 입법 이유에 대해 "인공지능을 기술적 · 산업적 측면에서 진흥해 국가적 성장 동력으로 삼아야 하는 정책 방향과 인공지능이 개인과 공동체에 신뢰받는 문명의 이기가 되도록 하는 입법적 차원의 준비 역시 필요한 시점"이라고 밝혔다. 그러나 인권 · 시민 단체들은 "인공지능은 이미 기술, 공학의 영역을 넘어 사회, 경제, 법률 등 전 영역에 영향을 미치고 있다. 또한 인공지능의 편의성 이면에 데이터 결함과 오작동 가능성, 알고리즘의 불투명성과 공정성 문제 등 인공지능의 인권 침해와 차별적 효과에 대한 우려가 끊이지 않고 있다"고 우려했다.

정부와 국회가 2023년부터 추진한 인공지능법은 AI 기술에 대해 '우선 허용, 사후 규제' 입장을 취하고 있다. 이에 대해 참여연대를 비롯한 18개 시민 단체들은 2024년 4월 3일 공동 논평에서 "AI 기업 육성을 이유로 규제를 완화하고 국민의 안전과 인권에 위험을 초래해서는 안 된다"면서, 소비자 보호 기구, 개인 정보 감독 기구, 인권 기구가 함께 관여하는 거버넌스 체계를 구축할 것을 주장했다. 정책의 정당성 못지않게 정책 결정 과정이 중요한 시대임을 고려하면, 정부와 기업과 시민 사회 3자가 함께하는 논의의 장은 꼭 필요하다고 하겠다. 좀 더 심층적인 논의의 출발점이자 가장 명확하고 근본적인 해답은 시민, 교육자 및 학계, 시민 사회, 정부가 AI 개발 및 활용에 대해 관심을 갖고 힘을 모아야 한다는 점이다.

참고문헌

가짜뉴스체크센터 외(2021.5.24.). 120개 시민사회단체, 인공지능에 대한 첫 공동 선언. 사단법인 정보인권연구소.
https://idr.jinbo.net/744

노동건강연대 외(2024.4.3.). [공동논평] 22대 국회는 인공지능이 국민 안전과 인권에 미치는 위험을 방지할 제대로 된 규제법을 마련해야. 참여연대.
https://www.peoplepower21.org/publiclaw/1962852

박서연(2023,3,2). 시민사회, 인공지능법안에 "국민 안전과 인권에 큰 위험". 미디어 오늘.
https://v.daum.net/v/20230302175926851

World Economic Forum(2021). Civil society can help ensure AI benefits us all. Here's how.
https://www.weforum.org/agenda/2021/07/civil-society-help-ai-benefits/

06
인공지능과 여론

언론은 여론을 반영하는 동시에 여론을 형성한다. AI는 언론 영역에서도 급속도로, 그리고 광범위하게 활용되고 있다. 취재, 기사 작성, 기사 유통 등 AI를 적용하는 범위도 다양하다. AI의 급속한 확산 추세에 대해서는 전 세계적으로 불안해하는 여론이 증가하고 있지만, 젊은 세대는 생계를 향상할 수 있는 AI의 잠재력에 긍정적이다. 소득과 교육 수준이 높은 사람들이 엔터테인먼트, 건강 및 경제에 미칠 AI의 영향에 대해 더 낙관적이기도 하다.

AI와 야구?

언론사의 AI 활용, 이상과 현실

AI를 활용하는 언론사가 많아지고 있다. 신문사는 성공해야 한다는 압박에 시달리고 있으며, 인쇄 부문의 손실을 만회하고 신문사 고사 위기에 대응하기 위해 수익성 있는 디지털 모델을 찾고 있다. 언론사의 AI 활용 목표는 효율성과 품질, 시간적 이점을 창출하는 것이다.

≪뉴욕타임스≫는 머신러닝을 사용해 독자가 유료화에 도달하기 전에 독자에게 보여 줄 무료 기사 수를 결정한다. 독일 공영방송인 바이에른 라디오는 AI의 도움을 받아 온라인 댓글을 조정한다. 미국의 언론사인 AP통신은 뉴스거리를 찾기 위해 AI를 사용해 소셜 미디어에서 뉴스의 물결을 검색하고, AI의 도움으로 비디오 촬영 목록을 생성해 각 비디오 클립에 누가 있고 무엇이 있는지 설명하게 한다. 영국의 통신사인 로이터(Reuters)에서는 기계가 대규모 데이터 세트에서 패턴을 찾는다.

2023년 11월 한국언론진흥재단의 저널리즘 콘퍼런스에 연사로 참여한 찰리 베켓(Charlie Beckett) 런던정치경제대학교 미디어커뮤니케이션학과 교수가 46개국 105개 언론사를 대상으로 조사한 결과에 따르면 응답 언론사의 85%가 AI를 활용하고 있다. 취재, 기사 작성, 기사 유통 등 AI를 적용하는 범위도 다양하다. ≪하버드비즈

니스리뷰(Harvard Business Review)≫에 의하면 사람들이 생성형 AI를 가장 많이 활용하는 방법은 아이디어 창출이었다. 이는 단순히 인공지능을, 결과물을 얻는 목적으로 쓰는 것이 아니라 인간의 창의적 과정을 지원하기 위해 사용하는 것이었다.

2024년 퓰리처상 최종 후보 45명 중 5명이 취재 및 보도 과정에서 인공지능을 활용했다고 밝혔다. 그중에서 최종 선정된 후보는 두 명이다. 하나는 시카고 경찰의 실종 및 살인 사건에 대한 부실한 조사를 폭로하기 위해 머신러닝을 사용해 수천 건의 경찰 부패 기록을 분석했다. 다른 하나는 가자 지구에서 2000파운드 폭탄 크레이터를 식별하는 인공지능 도구를 사용해, 민간인 보호 구역으로 지정된 지역에서 이 폭탄이 사용된 사실을 확인했다. 퓰리처 위원회가 출품작에 인공지능 사용 현황을 공개하도록 요구한 것은 이번이 처음이었다.

이제 겨우 유료 독자를 확보하기 시작한 언론사에 AI 도입은 과연 득이 될 수 있을까? 독일의 마케팅 서비스 연구소인 브랜드과학연구소(Brand Science Institute)가 2024년 1월 9일 발표한 보고서에 의하면, 언론사가 AI를 활용하는 경우 온라인 뉴스에 대한 지불 의향은 30%가량 감소했다. 기본적으로 AI 전문가(prompt engineer)

보다 기자에 대한 신뢰가 더 높았다. 사람이 만든 콘텐츠의 가치가 더욱 높아진다는 의미다. 기사 작성에 AI를 활용했다고 밝히는 라벨링 의무는 언론사의 잠재 수익과 AI가 창출하는 수익에 상당한 위협이 될 수 있다. 최종 과정에 인간이 반드시 개입해야 하며, AI 혼자 작동하도록 내버려둬서는 안 된다.

AI를 이용해 여론을 조작하는 권위주의 정권들

러시아, 중국, 튀르키예 등 권위주의 정권들은 AI 기술을 활용해 여론을 조작하고, 내부 및 외부의 비판을 억제하고 있다. 국제 사회는 이러한 AI의 오용에 대응하기 위한 법적 · 기술적 방안을 마련해야 할 필요가 있다.

러시아는 AI를 활용해 디지털 선동과 여론 조작을 실행하고 있다. AI 기술을 통해 가짜 뉴스와 딥페이크 비디오를 제작해 사회적 혼란을 야기하고, 서방 국가들 내의 정치적 분열을 조장하고 있다. 특히, 러시아는 소셜 미디어 플랫폼에서 자동화된 봇을 사용해 허위 정보를 퍼뜨리고 있으며, 이는 미국과 유럽의 선거 과정에 영향을 미치는 데 사용되고 있다.

중국은 AI를 활용해 국내외 여론을 통제하고 있다. AI 기반의 감시 시스템은 국민들의 일거수일투족을 감시하며, 이를 통해 사회적 통제를 강화하고 있다. 중국 정부는 또한 소셜 미디어를 통해 선동 콘텐츠를 퍼뜨리고, 외국 내 친중국 여론을 형성하기 위해 AI를 사용하고 있다. 이러한 디지털 권위주의는 시진핑 주석의 권력을 강화하고, 중국의 국제적 이미지를 관리하는 데 중요한 역할을 하고 있다.

튀르키예의 에르도안 정부는 AI를 통해 내부 여론을 통제하고 있다. AI 기반의 소셜 미디어 모니터링 시스템을 통해 반정부 성향의 게시물을 감시하고, 이를 차단하거나 삭제하는 방식으로 사용하고 있다. 또한, 튀르키예 정부는 AI를 통해 가짜 뉴스를 퍼뜨려 내부의 정치적 반대 세력을 억압하고 있다.

AI와 여론 조사

AI가 점점 더 보편화됨에 따라 기술에 대한 대중의 인식이 어떻게 진화하는지 이해하는 것이 중요하다. 이러한 여론을 이해하는 것은 AI의 사회적 영향과 기술 통합이 국가 및 인구 통계학적 그룹에 따라 어떻게 다를 수 있는지 더 잘 예측하는 데 매우 중요하다.

스탠포드대학교는 글로벌 · 국가 · 인구 통계학 · 민족적 관점을 통해 AI에 대한 여론을 조사했다. 이 조사에서는 시간 경과에 따른 글로벌 AI 태도를 프로파일링한 입소스(Ipsos)의 종단적 조사 데이터, 챗지피티에 대한 대중의 인식을 조사한 토론토대학교의 데이터, AI에 대한 미국인의 태도를 조사한 퓨리서치센터(Pew Research Center)의 데이터 등 여러 데이터 소스를 활용했다. 입소스는 프랑스 파리에 본사를 둔 다국적 시장 조사 및 컨설팅 회사다. AI 기반 소비자 및 시장 플랫폼인 퀴드(Quid)의 데이터를 사용해 엑스에서 중요한 AI 모델에 대한 언급을 분석하면 크게 다섯 가지 특징이 나타난다.

첫째, 전 세계 사람들은 AI의 잠재적 영향에 대해 더 잘 인식하고 있으며 더 긴장하고 있다. 입소스의 조사에 따르면 AI가 향후 3~5년 내에 자신의 삶에 극적인 영향을 미칠 것이라고 생각하는 사람들의 비율이 2023년 1년 동안 60%에서 66%로 증가한 것으로 나타났다. 더욱이 52%는 AI 제품과 서비스에 대해 불안함을 표현했는데, 이는 2022년보다 13% 포인트 증가한 것이다. 미국의 경우 퓨리서치센터의 데이터에 따르면 미국인의 52%가 AI에 대해 기대보다 우려를 더 많이 느낀다고 보고했는데 이것도 역시 2022년 38%에서 증가한 수치다.

둘째, 서방 국가의 AI 정서는 계속해서 낮은 수준이지만 천천히 개선되고 있다. 2022년에는 독일, 네덜란드,

호주, 벨기에, 캐나다, 미국을 포함한 여러 서방 선진 국가들이 AI 제품 및 서비스에 대해 오히려 긍정적인 반응을 보이지 않았다. 이후 각 국가에서는 AI의 이점을 인정하는 응답자의 비율이 증가했으며, 네덜란드가 가장 큰 변화를 경험했다.

셋째, 대중은 AI의 경제적 영향에 대해 비관적이다. 입소스 설문 조사에서 응답자의 37%만이 AI가 업무를 개선할 것이라고 생각했다. 34%만이 AI가 경제를 활성화할 것으로 예상하고, 32%가 AI가 고용 시장을 향상할 것이라고 믿고 있다.

넷째, AI 낙관론과 관련하여 인구 통계학적 차이가 나타난다. 생계를 향상할 수 있는 AI의 잠재력에 대한 인식에는 상당한 인구 통계학적 차이가 존재하며, 일반적으로 젊은 세대가 더 낙관적이다. 예를 들어, Z세대 응답자의 59%는 AI가 엔터테인먼트 옵션을 개선할 것이라고 믿는 반면, 베이비붐 세대는 40%만 믿는다. 또한, 소득과 교육 수준이 높은 개인은 저소득층과 교육 수준이 낮은 개인보다 AI가 엔터테인먼트, 건강 및 경제에 미치는 긍정적인 영향에 대해 더 낙관적이다. Z세대는 1990년대 중반과 2010년대 중반 사이에 태어나 신기술을 적극적으로 사용하는 세대다.

다섯째, 챗지피티는 널리 알려졌고, 널리 사용되고 있다. 토론토대학교의 국제 조사에 따르면 응답자의 63%가 챗지피티를 알고 있는 것으로 나타났다. 알고 있는 사람들 중 약 절반이 1주일에 한 번 이상 챗지피티를 사용한다고 보고했다.

미국인들은 정부의 개입을 원한다. 2023년 5월 실시돼 넉 달 뒤인 9월 발표된 갤럽 조사에 따르면 미국인 5명 중 4명은 기업이 AI를 책임감 있게 사용하는 것에 대해 거의 또는 전혀 신뢰하지 않는 것으로 나타났다. 미국의 비영리 조직으로서 연구와 개발 업무를 수행하는 해리스-마이터(Harris-Mitre)의 여론 조사에 따르면 AI 기술로부터 소비자를 보호하는 규정에 대한 지지도는 2022년 11월 이후 3포인트 증가해 85%에 이르렀다. 미국의 글로벌 데이터 및 여론 조사 기관인 액시오스모닝컨설트(Axios-Morning Consult)의 여론 조사에 따르면 미국인의 4분의 1은 완전히 새로운 연방 기관이 AI를 규제해야 한다고 생각하는 반면, 규제는 민간 부문에 맡기는 것이 가장 좋다고 생각하는 비율은 14%다. AI 기술을 규제하기 위한 연방 기구를 창설해야 한다는 여론이 상당한 것이다.

참고문헌

송해엽(2024). 일상에 자리 잡은 인공지능과 언론사의 인공지능 활용. 한국기자협회. https://www.journalist.or.kr/m/m_article.html?no=56080

이유진(2024). 독자들은 AI 기사에 얼마를 지불할까? 〈인공지능과 지불 의향〉 보고서 발표. 한국언론진흥재단. https://www.kpf.or.kr/front/research/selfDetail.do?seq=596052&link_g_homepage=F&link_g_topmenu_id=&link_g_submenu_id=&link_g_homepage=F

The Economist(2023). Artificial intelligence is remixing journalism into a "soup" of language. https://www.economist.com/business/2023/05/04/artificial-intelligence-is-remixing-journalism-into-a-soup-of-language

The Stanford University(2024). Public Opinion in Artificial Intelligence Index Report 2024. https://aiindex.stanford.edu/wp-content/uploads/2024/04/HAI_AI-Index-Report-2024_Chapter9.pdf

Vreese, C., & Votta, F.(2023). AI and political communication. https://politicalcommunication.org/article/ai-and-political-communication/

07
인공지능과 미·중 패권 경쟁

AI는 21세기 기술 패권 경쟁의 중심에 서 있으며, 미국과 중국 간의 경쟁에서 중요한 결정 요인이 되고 있다. 두 나라가 공히 AI 기술을 통해 경제적, 군사적, 전략적 우위를 확보하려고 노력한다. 그러나 국제 사회의 공존공영을 위해 더 중요한 것은 AI 기술의 윤리적 사용과 국제 협력을 통해 더 안전하고 공정한 기술 발전을 추구하는 것이다. AI를 둘러싼 미 · 중 패권 경쟁의 양상, 그리고 AI 윤리와 규제에 대한 미 · 중 양국의 상이한 대응을 알아보자.

AI와 윤동주?

미·중 AI 패권 경쟁의 양상

중국의 시진핑 정부는 AI 기술에서 미국을 따라잡기 위해 다양한 정책과 전략을 추진한다. AI를 국가 전략 기술로 지정하고, 이를 통해 경제 성장을 촉진하고 있다. 중국 정부는 2021년에 AI를 포함한 '7대 선도 기술'을 지정하고, 이를 적극적으로 개발하고 있다. 중국의 AI 기술은 금융, 제조, 교통 등 다양한 분야에서 활용되고 있으며, 매켄지 보고서에 따르면 AI가 매년 중국 경제에 6000억 달러 이상의 가치를 더할 것으로 예상된다.

2017년 중국은 '신세대 AI 발전 계획(New generation AI development plan)'을 발표했다. 이 계획은 2020년까지 AI 기술과 응용에서 세계적 수준에 도달하고, 2025년까지 주요 기술에서 돌파구를 마련하며, 2030년까지 AI 분야에서 세계 선두에 서겠다는 목표를 세웠다.

중국은 '중국 제조 2025(Made in China 2025)'를 통해 AI를 포함한 첨단 기술 분야에서 자급자족을 목표로 삼는다. 이 계획은 중국을 AI 기술의 중심지로 만들기 위한 전략의 일환으로, AI 연구 개발에 막대한 투자를 유도하고, AI 스타트업과 기술 혁신을 지원하는 정책을 포함하고 있다.

미국은 중국의 AI 발전을 저지하기 위해 고성능 AI 칩과 반도체 제조 장비에 대한 수출 규제를 강화했다. 바이든 행정부는 고성능 AI 칩, 칩 설계 소프트웨어, 반도체 제조 장비 및 부품의 중국 수출을 제한하는 정책을 시행해 중국의 AI 산업을 견제하고 있다. 이러한 조치는 중국이 고성능 AI 칩을 자체적으로 설계하고 제조하는 것을 방지하고, 미국이 기술적 우위를 유지하는 데에 필수적이다.

미국은 AI 연구와 개발에 막대한 자금을 투자하고 있다. 2021년 중반까지 미국은 AI 연구에 약 266억 달러를 투자했으며, 이는 중국의 약 40억 달러에 비해 훨씬 높은 금액이다. 바이든 정부하에서 미국 국가과학재단(NSF)은 새로운 국가 AI 연구소 설립을 위해 1억4000만 달러를 투자했다. 이를 통해 미국은 AI 연구의 선두를 유지하고, 중국의 기술적 도전을 견제하고 있다.

바이든 행정부는 AI 분야의 인재 채용을 가속화하기 위해 'AI 인재 급증(AI talent surge)' 프로그램을 도입했다. 이 프로그램은 데이터 과학자 및 AI 전문가를 대규모로 채용하여 정부의 AI 프로젝트에 투입하는 것을 목표로 한다. 또한, '에듀케이트AI(EducateAI)' 이니셔티브를 통해 유치원부터 고등학교(K-12), 그리고 대학 수준까지 AI 교육 기회를 제공해 미래의 AI 인재를 양성하고 있다.

미국은 중국을 견제하기 위해 유럽연합(EU)과 적극 협력한다. 구체적으로는 무역기술위원회(Trade and Technology Council)를 통해 AI와 관련된 협력을 강화하고 있다. 이 기구는 AI, 반도체, 디지털 무역, 데이터 거버넌스 등 다양한 기술 분야에서 공동 표준을 개발하고 공급망 투명성을 높이는 데 중점을 두고 있다. 양측은 극한 기상 예측, 재난 대응, 의료 개선, 에너지 그리드 최적화, 농업 최적화 등 5개 핵심 분야에서 AI 연구를 지원하기로 합의했다.

다음으로 미 · 중 양국의 AI 기술을 이용한 군사력 경쟁을 살펴보자. 중국은 군사적 목적을 위해 AI를 적극적으로 활용하고 있다. 중국의 AI 기술은 무인 항공기, 감시 시스템, 사이버 보안 등 다양한 군사 분야에서 사용되고 있다. 특히, 중국은 AI를 활용한 드론 군단을 개발해 군사력 강화를 도모하고 있다.

중국은 "군민 융합(military-civil fusion)" 전략을 통해 AI 기술을 군사 시스템에 통합하고, 자율 무기 시스템, 감시 시스템, 사이버 보안 등 다양한 군사 AI 프로젝트를 추진하고 있다.

미국은 AI를 군사 전략의 핵심 요소로 삼고 있으며, AI

기술을 통해 국방 능력을 강화하고 있다. 미국 국방부는 AI를 활용한 자율 무기 시스템과 첨단 감시 시스템을 개발하고 있으며, 이를 통해 군사적 우위를 유지하려 하고 있다.

미국과 중국은 인공지능(AI) 기술 경쟁의 다양한 분야에서 각각 두각을 나타내고 있다. 미국은 고성능 AI 칩과 반도체 기술에서 세계적인 선두를 달리고 있다. 엔비디아(Nvidia)와 AMD 같은 미국 기업들은 AI 연구 및 개발에 필수적인 고성능 그래픽 처리 장치(GPU)를 생산하고 있다. 이러한 칩은 AI 모델의 훈련과 실행에 중요한 역할을 하며, 미국의 기술적 우위를 공고히 하고 있다. 미국은 대형 언어 모델 개발에서도 전 세계 리더로 자리 잡고 있다. 오픈AI의 GPT 시리즈와 구글의 제미니(Gemini)는 글로벌 AI 연구의 최전선에 서 있으며, 이들 모델은 텍스트 생성, 번역, 분석 등 다양한 AI 응용 분야에서 탁월한 성능을 발휘하고 있다. 이러한 모델들은 AI 기술의 상용화와 혁신을 이끄는 주요 동력이 되고 있다. 활발한 AI 스타트업과 강력한 혁신 생태계를 보유하고 있는 것도 미국의 강점이다. 실리콘밸리를 중심으로 한 벤처 캐피탈의 적극적인 투자와 혁신적인 기업 문화는 새로운 AI 기술과 제품의 개발을 촉진하고 있다. 이는 미국이 AI

기술 경쟁에서 지속적인 리더십을 유지하는 데 중요한 요소로 작용한다.

중국은 AI 연구 논문과 특허 출원에서 미국을 앞서고 있다. 중국의 연구자들은 매년 다수의 AI 관련 논문을 발표하며, 특허 출원에서도 높은 비중을 차지하고 있다. 이는 중국이 AI 기술 연구에서 강력한 기반을 갖추고 있음을 보여 준다. 중국은 얼굴 인식, 감시 시스템, 스마트시티 등 다양한 AI 응용 기술에서 강력한 경쟁력을 보유하고 있다. 특히, 중국 정부는 국가적 차원에서 AI 기술을 적극적으로 도입해 공공 안전과 도시 관리의 효율성을 높이고 있다. 이러한 기술들은 중국의 광범위한 데이터 수집 능력과 결합되어 높은 성과를 내고 있다. 중국의 대형 IT 기업인 바이두(Baidu) · 텐센트(Tencent) · 알리바바(Alibaba) 등은 AI 기술 개발에서 선도적인 역할을 하고 있다. 이들 기업은 대규모 AI 프로젝트를 통해 다양한 산업에서 혁신을 이루고 있으며, 중국 내 AI 생태계를 구축하고 있다. 이러한 프로젝트들은 중국이 AI 기술에서 세계적인 리더로 부상하는 데 기여하고 있다.

글로벌 AI 거버넌스와 미·중 양국의 대응

미국과 중국은 AI 기술의 윤리적 사용과 규제에 대해 상반된 접근 방식을 취하고 있다. 미국은 개인 정보 보호와 프라이버시 문제를 강조하며, AI 기술의 투명성과 책임성을 중요시하고 있다. 반면, 중국은 데이터 수집과 활용에 대한 규제를 상대적으로 느슨하게 적용하고 있으며, 이를 통해 빠른 기술 개발을 추진하고 있다.

미국과 중국은 AI 기술 개발에 있어 경쟁 관계에 있지만, 일부 분야에서는 협력을 모색하기도 한다. 예를 들어, AI 기술의 위험을 관리하고 국제 표준을 설정하기 위한 공동 연구가 진행되고 있다. 이러한 협력은 AI 기술의 안전하고 윤리적인 사용을 촉진하는 데 기여할 수 있다.

중국도 일대일로 포럼에서 '글로벌 AI 거버넌스 이니셔티브'를 발표했다. 중국형 AI를 일대일로 정책의 수혜국에 보급하겠다는 선언이나 다름이 없다. AI를 관리하는 국제기구가 유엔에 설립되면 그것을 통해 글로벌 AI 거버넌스에서 중국의 영향력을 높여 가려는 목적을 가지고 이니셔티브가 작성된 것으로 판단된다.

미·중 AI 패권 경쟁과 한국의 대응

미국과 중국 간의 인공지능(AI) 기술 패권 경쟁이 심화됨에 따라, 한국은 양국 사이에서 복잡한 전략적 결정을 내려야 하는 상황에 처해 있다. 한국은 AI 기술 개발에서 글로벌 경쟁력을 유지하면서도, 두 강대국 간의 갈등 속에서 한국의 경제와 안보를 보호하기 위한 다양한 전략을 추진하고 있다.

한국은 미국과의 기술 협력을 강화해 AI 기술 발전을 도모하고 있다. 한국과 미국은 무역기술위원회(TTC)를 통해 AI와 관련된 기술 표준을 개발하고, 공급망 투명성을 높이는 등 협력을 강화하고 있다. 중국은 한국의 주요 무역 파트너로서 중요한 경제적 이익을 제공하지만, 한국은 중국의 기술적 독립을 경계하며 한국의 기술 우위를 지키기 위해 노력하고 있다.

한국은 공급망 다변화를 통해 중국 의존도를 줄이고 있다. 반도체와 같은 핵심 기술 분야에서 중국의 영향을 최소화하기 위해, 한국은 미국 · 일본 · 대만 등과 협력을 강화하고 있다.

한국의 인공지능 입법 논의도 시급하다. AI 분야도 자율 규제, 권고안, 가이드라인과 같은 연성 규제와 인공지능법안(AI Act)과 같은 경성 규제를 어떻게 효과적으로 혼합해서 혁신을 장려할 것인가에 대한 해답을 정책 입안자들이 도출해야 한다. 혁신을 극대화한다는 목적을 달성하면서도 신뢰할 수 있는 AI 시스템을 구축하려면 어느 정도의 경성 규제는 필요한 것으로 판단된다.

참고문헌

김승준(2024.6.19). 고상원 KISDI 연구위원 "AI 국제 규제 주도권 경쟁…민주주의 대 권위주의". 뉴스1. https://www.news1.kr/articles/5452402

김준연(2019). 미-중 AI 패권 경쟁의 역사적 흐름과 최근 동향. ≪월간SW중심사회≫, 8월호.

차정미(2022). 미·중 패권경쟁과 인공지능 군사력 경쟁. ≪국가전략≫, 28(3), 5-31쪽.

Yang, Z.(2024.4.9). Why the Chinese government is sparing AI from harsh regulations—for now. *MIT Technology Review*. https://www.technologyreview.com/2024/04/09/1091004/china-tech-regulation-harsh-zhang/

08
인공지능과 국제기구

유엔은 AI를 활용해 다양한 글로벌 문제를 해결하고 지속 가능한 발전 목표(SGDs)를 달성하기 위해 노력하고 있다. AI 자문 기구의 설립, 지속 가능한 발전 목표 지원, 국제 규범 설정 등을 통해 AI 기술이 인류에게 공익을 가져올 수 있도록 하고 있다. 유엔은 AI 기술이 인류에게 공익을 가져올 수 있도록 지속적으로 노력하고 있다. IMF도 AI를 활용해 경제 분석, 정책 수립, 금융 안정성 평가 등 다양한 분야에서 혁신을 추진하고 있다. AI 기술은 글로벌 경제의 안정과 발전에 기여하고 있다.

AI와 한의학?

유엔의 인공지능 활용

유엔은 AI의 위험과 기회를 평가하고 국제적 거버넌스를 강화하기 위해 AI 자문 기구를 설립했다. 이 기구는 AI의 안전하고 신뢰할 수 있는 사용을 촉진하기 위한 정책과 규제를 개발하며, 특히 개발도상국이 AI 기술의 혜택을 받을 수 있도록 지원한다. 이 기구는 AI 기술이 인류에게 공익을 가져올 수 있도록 돕고 있다.

또한, 유엔은 AI를 활용해 지속 가능한 발전 목표(SDGs)를 달성하는 데 주력하고 있다. AI는 기후 변화 예측, 공중 보건 서비스 강화, 교육 및 빈곤 감소에 기여할 수 있다. 예를 들어, AI는 기후 변화 대응 전략을 수립하고, 전 세계적으로 지속 가능한 발전을 촉진하는 데 중요한 역할을 한다.

유엔은 AI의 윤리적 개발을 촉진하기 위해 국제 규범도 설정했다. 193개국이 채택한 이 규범은 AI가 인권을 존중하고 투명성과 책임성을 갖도록 하는 것을 목표로 한다. AI 시스템의 사회적 점수화와 대규모 감시를 금지하며, 데이터 보호와 프라이버시를 강화하는 조치를 포함하고 있다.

AI는 교육과 공공 서비스를 개선하는 데 중요한 도구로 사용되고 있다. 유엔은 AI를 활용해 교육 콘텐츠를 개인 맞춤형으로 제공하고, 모든 학생이 자신의 학습 속도에 맞춰 학습할 수 있도록 돕고 있다. 또한, 공중 보건 분야에서는 AI가 질병을 예방하고 진단하는 데 사용되며, 이를 통해 의료 비용을 절감하고 진료의 정확성을 높이고 있다.

유엔은 AI 기술을 활용해 글로벌 문제를 해결한다. AI는 기후 변화 예측과 대응 전략 수립에 중요한 역할을 한다. AI 기반 모델은 기후 데이터를 분석해 기후 변화의 영향을 예측하고, 이에 대한 대응 방안을 제시한다. 이를 통해 유엔은 전 세계적인 기후 변화 대응 노력을 강화하고 있다.

또한, AI는 빈곤 감소와 식량 안보 문제 해결에도 기여하고 있다. AI 기술을 활용해 농업 생산성을 높이고, 식량 분배를 최적화하며, 빈곤 지역에 대한 지원을 강화할 수 있다. 이를 통해 유엔은 전 세계적인 빈곤 감소와 식량 안보 강화에 기여하고 있다.

IMF의 AI 기술 활용

AI 기술은 경제 분석, 정책 제안, 금융 안정성 평가 등에서 IMF의 효율성과 정확성을 높이고 있다. IMF는 AI를 활용해 경제 분석과 예측 모델링의 정확성을 높이고 있다. AI 알고리즘은 방대한 경제 데이터를 실시간으로 분석해 경제 성장, 인플레이션, 실업률 등의 주요 지표를 예측한다. 이는 정책 결정 과정에서 한층 더 신뢰성 있는 정보를 제공하며, 경제 위기 대응에 중요한 역할을 한다.

IMF는 AI를 통해 글로벌 노동 시장에 대한 심층 분석도 수행하고 있다. AI는 다양한 국가의 고용 데이터와 경제 지표를 분석해 AI 기술이 노동 시장에 미치는 영향을 평가한다. 예를 들어, AI는 고용 구조의 변화를 예측하고, 특정 직업군이 AI로 인해 대체될 가능성을 평가해 정책 대응 방안을 제시한다.

AI는 IMF의 재정 정책 수립과 집행을 지원하는 데 중요한 역할을 한다. AI는 세수 예측, 지출 효율성 분석, 부채 관리 등 재정 운영의 다양한 측면에서 활용된다. 이는 각국 정부가 더 효과적인 재정 정책을 수립하고, 경제적 불확실성에 대응하는 데 도움을 준다.

IMF는 AI를 활용해 글로벌 금융 시스템의 리스크도 평가하고 있다. AI 알고리즘은 금융 시장 데이터를 분석해 잠재적인 금융 위기를 예측하고, 금융 안정성을 위협하는 요인을 식별한다. 이는 금융 위기에 대한 조기 경고 시스템을 구축하고, 글로벌 금융 시스템의 안정성을 강화하는 데 기여한다.

IMF는 AI를 통해 금융 규제와 정책 권고를 한층 더 효과적으로 수행하고 있다. AI는 다양한 규제 환경을 분석한 뒤 최적의 정책 권고안을 제시함으로써 각국 정부가 더 효과적인 금융 규제를 시행할 수 있도록 돕는다. 이는 금융 시장의 투명성과 안정성을 높이는 데 기여한다.

세계보건기구의 AI 기술 활용

AI는 진단, 치료, 공중 보건 관리 등 다양한 분야에서 사용되며, 전 세계적으로 건강 결과를 개선하는 데 기여하고 있다. 세계보건기구(WHO)는 AI를 활용해 진단과 치료 과정을 지원하고 있다. AI 기반 시스템은 방대한 의료 데이터를 분석해 질병을 신속하고 정확하게 진단할 수 있으며, 이를 통해 의료 전문가들이 최적의 치료 방법을 제시할 수 있도록 돕는다. 예를 들어, AI는 방사선 사진을 분석해 폐암이나 결핵과 같은 질병을 조기에 발견하는 데 사용된다.

세계보건기구는 AI를 활용해 질병 감시와 대응을 강화하고 있다. AI는 전 세계에서 수집된 데이터를 분석해 질병 발생 패턴을 파악하고, 이를 기반으로 신속한 대응 조치를 취할 수 있다. 이는 특히 전염병 발생 시 중요한 역할을 하며, 감염 확산을 최소화하는 데 기여한다. 예를 들어, AI는 코비드-19와 같은 대규모 전염병의 확산을 추적하고 예측하는 데 사용되었다.

세계보건기구는 글로벌 인공지능 보건 이니셔티브(Global Initiative on AI for Health, GI-AI4H)를 통해 AI 기술의 활용을 촉진하고 있다. 이 이니셔티브는 세계보건기구, 국제전기통신연합(ITU), 세계지식재산기구(WIPO)가 공동으로 설립한 것으로, AI 기술이 안전하고 효과적으로 사용될 수 있도록 하는 규범과 지침을 개발하고 있다. AI 기술이 글로벌 보건에 미치는 영향을 극대화하기 위해 다양한 국가와 협력하는 것이다.

세계보건기구는 AI 기술의 윤리적 사용을 보장하기 위해 여러 가이드라인을 제정했다. 2021년에 발표된 'AI 보건 윤리 및 거버넌스' 보고서는 AI 기술이 인권을 존중하고 공익을 증진할 수 있도록 하는 여섯 가지 주요 원칙을 제시했다. 이 가이드라인은 AI 기술이 공정하고 책임감 있게 사용될 수 있도록 보장하며, 특히 개발도상국과 같은 자원이 부족한 지역에서도 효과적으로 활용될 수 있도록 한다.

세계보건기구는 AI를 통해 의료 자원의 배분을 최적화하고 있다. AI는 의료 자원의 수요와 공급을 분석해 가장 필요한 지역에 신속하게 자원을 제공할 수 있도록 돕는다. 특히, 긴급 상황에서 중요한 역할을 하며, 의료 서비스의 효율성을 크게 향상한다.

세계보건기구는 AI를 활용해 의료 교육과 훈련을 개선하고 있다. AI 기반 교육 플랫폼은 의료 전문가들이 최신 의료 지식과 기술을 습득할 수 있도록 지원하며, 이를 통해 의료 서비스의 질을 높인다. 예를 들어, AI는 가상 환자를 활용한 시뮬레이션 훈련을 제공해 실제 상황에서의 대응 능력을 향상한다.

WFP의 AI 기술 활용

세계식량계획(WFP)은 전 세계 기아 문제 해결과 인도적 지원을 위해 AI 기술을 적극 활용하고 있다. AI는 식량 안보 모니터링, 재난 대응, 자원 배분 최적화 등 다양한 분야를 지원함으로써 전 세계 기아 문제 해결에 기여하고 있다.

헝거맵 라이브(HungerMap LIVE)는 세계식량계획과 중국의 IT 기업인 알리바바가 공동 개발한 글로벌 식량 안보 모니터링 시스템이다. 이 시스템은 AI와 빅데이터 분석을 활용해 전 세계 90개국의 식량 안보 상황을 실시간으로 모니터링하고 예측한다. 기후 데이터, 인구 통계, 경제 지표 등 다양한 데이터를 종합해 식량 불안정 지역을 식별하고, 신속한 대응을 가능하게 한다.

임팩트AI(ImpactAI)는 세계식량계획이 자연 재해와 기타 충격에 대응하기 위해 기계 학습과 AI를 지리 정보 시스템(GIS)에 적용한 프로젝트다. 이 프로젝트는 재난 발생 후 피해 지역을 신속하게 분석하고, 데이터를 기반으로 인도적 지원을 최적화하는 데 중점을 둔다. 청소년을 대상으로 데이터 라벨링과 이미지 주석 작업을 훈련시켜 AI 시스템의 정확성을 높이고, 지역 사회의 역량을 강화한다.

참고문헌

AI Will Transform the Global Economy. Let's Make Sure It Benefits Humanity. IMF Blog. https://www.imf.org/en/Blogs/Articles/2024/01/14/ai-will-transform-the-global-economy-lets-make-sure-it-benefits-humanity

Artificial Intelligence for Health. WHO. https://www.who.int/publications/m/item/artificial-intelligence-for-health

General Assembly adopts landmark resolution on artificial intelligence. UN News. https://news.un.org/en/story/2024/03/1147831

WFP and Alibaba unveil next generation of machine learning technology in the fight against hunger. WFP.

https://www.wfp.org/news/wfp-and-alibaba-unveil-next-generation-machine-learning-technology-fight-against-hunger

09
인공지능과 전쟁

미국은 우크라이나 전쟁에서 군사 및 정보 수집, 드론 기술, 사이버 보안 등 여러 분야에서 AI를 활용했다. 미국의 지원으로 이스라엘은 AI 기반의 방어 시스템을 통해 이란이 발사한 거의 모든 미사일과 드론을 격추할 수 있었다. AI 기반의 의사 결정 지원, 무인 시스템, 자원 최적화, 자동화된 방어 시스템 등은 군사 효율성을 높임으로써 병력과 국방비를 감축하는 데 기여할 수 있다. 따라서 AI 기술의 발전과 적용은 미래의 국방 정책을 크게 바꿔 놓을 것으로 예상된다.

AI와 화장품?

우크라이나, 이스라엘 전쟁에서 미국의 AI 활용

미국은 군사 및 정보 수집, 드론 기술, 사이버 보안 등 여러 분야에서 AI를 활용해 러시아와 싸우는 우크라이나를, 그리고 하마스와 전쟁하는 이스라엘을 지원했다.

미국은 우크라이나에 AI 기반의 군사 및 정보 수집 기술을 제공했다. 예를 들어, 팔란티어(Palantir)와 같은 미국 기업은 AI 소프트웨어를 통해 전장에서의 데이터를 분석하고 적의 움직임을 파악하며 전술적 결정을 지원했다. 이러한 기술은 드론 영상을 분석하고, 실시간으로 전투 상황을 파악해 전략적 우위를 확보하는 데 도움을 주었다. 팔란티어는 빅데이터 분석을 위한 소프트웨어 플랫폼을 전문으로 하는 미국의 공개 회사다.

미국은 우크라이나에 고성능 드론과 AI 기반 드론 제어 시스템도 지원했다. 이러한 드론은 적의 위치를 정밀 타격하고 장거리 공격을 수행하는 데 사용되었다. 특히, 드론 기술은 적의 인프라와 병력을 효과적으로 타격하는 위력을 발휘했다.

미국은 AI를 활용해 우크라이나의 사이버 보안을 강화하고, 러시아의 사이버 공격에 대응했다. AI 기반 사이버 보안 시스템은 러시아의 공격을 감지하고 차단하는 데 효과적이었으며, 이는 우크라이나의 중요한 인프라를 보호하는 데 기여했다. 또한, AI는 정보전에서 가짜 뉴스와 딥페이크를 식별하고 차단하는 데에도 사용되었다.

이스라엘과 하마스, 이란 간의 갈등에서도 미국은 AI 기술을 활용해 드론과 미사일 방어 시스템 구축, 사이버 보안 강화 등을 통해 이스라엘을 지원했다. 미국의 지원으로 이스라엘은 AI 기반의 방어 시스템을 통해 이란이 발사한 거의 모든 드론과 미사일을 격추할 수 있었다. 이 시스템은 실시간 데이터를 분석해 위협을 감지하고 신속하게 대응할 수 있는 능력을 제공했다.

미국은 AI를 활용해 사이버 보안을 강화하고 이란의 사이버 공격에 대응했다. 이란은 하마스와의 협력을 통해 이스라엘과 그 동맹국들에 대한 사이버 공격을 강화했으며, 이에 맞서 미국은 AI 기술을 활용해 이러한 공격을 감지하고 차단하는 데 도움을 주었다. 이러한 사이버 보안 조치는 이스라엘의 인프라를 보호하고 정보전에서의 우위를 유지하는 데 중요한 역할을 했다.

미국은 이스라엘에 AI 기반의 군사 기술을 지원함으로써 전장에서의 효율성을 높였다. 특히, 실리콘밸리의 드론 회사 스카이디오(Skydio)가 개발한 단거리 정찰 드론은 이스라엘 군대가 복잡한 구조물을 3D 스캔하고 위험 지역을 탐색하는 데 사용되었다. 또한, AI가 탑재된 자율 무기 시스템과 정밀 타격 기술은 이스라엘이 하마스와의 교전에서 전략적 우위를 점하는 데 기여했다. 스카이디오는 캘리포니아주 샌머테이오에 본사를 둔 미국의 드론 제조업체다. 이 회사는 전장 상황 인식, 치안 유지, 검사에 사용되는 드론을 제조한다.

인공지능과 유엔의 난민 지원

우크라이나 전쟁, 그리고 이스라엘과 하마스 및 이란 간의 전쟁으로 인해 수많은 난민이 발생했다. 유엔은 AI 기술을 활용해 전쟁 난민들을 보호하고 인도주의적 지원을 제공했다. AI 기반 데이터 분석과 예측, 디지털 플랫폼을 통한 실시간 지원, 자원 배분의 최적화 등 다양한 방법을 통해 난민들의 안전과 복지를 증진시키고 있다. 이러한 노력은 인공지능 기술이 인도주의적 위기 상황에서 얼마나 중요한 역할을 할 수 있는지를 보여 준다.

유엔은 AI를 활용해 난민들의 이동 경로와 필요를 예측하고, 효과적인 지원을 제공했다. AI 기술을 통해 난민들의 이동 패턴을 분석하고, 이를 바탕으로 식량 · 의료 지원 · 피난처 등 긴급 지원이 필요한 지역을 파악한다. 이러한 데이터 기반 접근 방식은 인도주의적 지원의 효율성을 높이고, 지원이 필요한 지역에 신속하게 대응할 수 있도록 돕는다.

유엔난민기구(UNHCR)는 디지털 플랫폼과 AI 기술을 결합해 난민들에게 실시간 정보를 제공하고 있다. '블루도트(Blue Dot)'라는 안전 공간을 통해 난민들은 필요한 정보를 얻고, 법률 지원, 정신 건강 상담, 사회 서비스 등에 접근할 수 있다. 이 디지털 플랫폼은 난민들이 필요한 지원을 신속하게 받을 수 있도록 해 그들의 안전과 복지를 향상한다.

AI는 자원의 배분을 최적화하는 데 기여한다. 유엔난민기구와 협력 단체들은 AI를 사용해 난민 캠프와 임시 거주지에서의 자원 배분을 계획하고 조정한다. 이는 식량, 물, 의료용품 등의 자원이 가장 필요한 곳에 적시에 도달할 수 있도록 해 난민들의 생존과 건강을 보장한다.

인공지능과 미래 전쟁

AI는 미래 전쟁에서 군사 전략과 전술의 본질을 바꿔 놓는다. 자율 무기 시스템, 정보전, 사이버 보안, 의사 결정 지원 등 다양한 분야에서 AI의 활용이 기대되며, 이는 전쟁의 양상을 근본적으로 변화시킬 것이다. 그러나 AI의 군사적 활용에는 윤리적 · 법적 문제가 수반되므로, 이에 대한 국제적인 논의와 규제가 필요하다.

AI의 가장 중요한 군사적 응용 중 하나는 자율 무기 시스템의 개발이다. 이러한 시스템은 인간의 개입 없이 목표를 식별하고 공격할 수 있는 능력을 갖추고 있다. 예를 들어, 자율 드론과 자율 전투 차량은 전장에서 실시간으로 데이터를 수집하고 분석해 최적의 전술 결정을 내릴 수 있으며, 이는 전투의 속도와 효율성을 크게 향상할 수 있다.

AI는 정보전과 사이버 보안에도 활용된다. AI 기반 시스템은 적의 사이버 공격을 실시간으로 탐지하고 대응할 수 있으며, 이를 통해 국가의 중요 인프라를 보호할 수 있다. 또한, AI는 가짜 뉴스와 딥페이크 같은 정보를 효과적으로 탐지하고 차단하는 데 사용될 수 있다.

AI는 군사적 의사 결정 과정에도 일역을 담당한다. AI 기반 분석 도구는 방대한 양의 데이터를 실시간으로 분석해 최적의 전략적 결정을 지원할 수 있다. 이는 전장의 복잡성과 불확실성을 줄이고, 한층 더 신속하고 정확한 의사 결정을 가능하게 한다.

AI는 미래의 전쟁 양상을 완전히 바꿔 놓을 것이다. 우선 AI는 전장에서 전술적 우위를 제공할 수 있다. 자율 무기 시스템과 고도의 정보 분석 능력을 통해 적보다 빠르고 정확하게 대응할 수 있는 능력을 갖추게 된다. 이는 전쟁의 양상을 근본적으로 변화시키고, 전투에서 승리할 가능성을 높인다.

AI의 발전으로 인해 인간의 역할도 변화하고 있다. 과거에는 사람이 직접 전장을 지휘하고 전투를 수행했다면, 이제는 AI가 이러한 역할을 대신하게 되면서 인간은 주로 전략적 결정을 내리고 AI 시스템을 감독하는 역할을 맡게 될 것이다.

AI의 군사적 활용에는 윤리적 · 법적 문제가 수반된다. 자율 무기 시스템의 사용은 민간인 피해를 최소화하기 위한 엄격한 규제가 필요하며, AI의 오작동이나 오용을 방지하기 위한 법적 장치도 마련되어야 한다. 이는 국제 사회에서 중요한 논의 주제가 되고 있다.

AI는 현대 전장에서 병력과 국방비의 효율성을 높이는 데 기여할 수 있는 잠재력을 가지고 있다. AI가 병력과 국방비 감축을 가능하게 할 수 있을까. 먼저 AI는 군사 지휘관들이 전장에서 신속하고 정확한 결정을 내릴 수 있도록 도와준다. 예를 들어, AI는 실시간 데이터 분석을 통해 전투 상황을 평가하고 최적의 전술을 제안함으로써 전투력의 효율성을 극대화한다. 이는 병력의 배치와 작전을 훨씬 더 효율적으로 관리할 수 있게 함으로써 필요한 병력 규모를 줄일 수 있다.

AI를 활용한 무인 항공기와 자율 무기 시스템은 전투에서 인간 병력의 필요성을 줄일 수 있다. 이러한 시스템은 위험한 임무를 대신 수행함으로써 인명 피해를 줄이고, 병력 감축의 가능성을 제공한다. 미국 국방부는 AI 기반 자율 무기 시스템을 통해 작전의 효율성을 높이고 있다.

AI 기술은 군사 작전의 비용을 절감하고 자원을 최적화함으로써 국방비를 감축할 수 있다. 예를 들어, AI는 예비 부품 관리, 물류, 유지 보수 등의 분야에서 효율성을 높여 비용을 절감할 수 있다. 매켄지 보고서에 따르면, 이러한 효율성 증가는 국방 예산의 상당 부분을 절감할 수 있는 잠재력이 있다.

AI를 활용한 자동화된 방어 시스템은 병력과 예산의 효율성을 극대화할 수 있다. 예를 들어, AI 기반 사이버 보안 시스템은 사이버 공격을 실시간으로 탐지하고 대응할 수 있어서 인력 의존도를 줄이고 비용을 절감할 수 있다. 이러한 자동화 시스템은 전반적인 방어 능력을 향상하면서도 비용을 줄이는 데 기여한다.

참고문헌

최은창(2022.3.10.) 우크라이나 전쟁의 이면: 서방과 러시아의 허위 정보전. MIT Technology Review.
https://contents.premium.naver.com/dmkglobal/technologyreview/contents/220310090037139cl

Bendett, S.(2023). Roles and implications of AI in the Russian-Ukrainian conflict. Center for A New American Security.
https://www.cnas.org/publications/commentary/roles-and-implications-of-ai-in-the-russian-ukrainian-conflict

Chatterjee, M.(2023). Israel-Hamas war creates a problematic AI weapons boom. *Politico.*
https://www.politico.com/news/2023/11/25/israel-hamas-war-ai-weapons-00128550

Heaven, W.(2021.11.16). The department of defense is issuing AI ethics guidelines for tech contractors. *MIT Technology Review.*
https://www.technologyreview.com/2021/11/16/1040190/department-of-defense-government-ai-ethics-mil

10
인공지능과 환경

유엔, EU, 미국, 중국 등 주요 국제기구와 국가들은 AI를 활용해 기후 변화에 효과적으로 대응하고 있다. AI는 기후 모형화, 에너지 관리, 재생 가능 에너지 활용, 대기 질 모니터링, 전기차 및 자율 주행 등 다양한 분야에서 활용되고 있으며, 이러한 기술들은 전 지구적 기후 변화 대응을 가능하게 한다. 앞으로도 AI 기술의 발전과 적용은 기후 변화 대응에서 크게 이바지할 것으로 기대된다.

종교와 AI?

기후 변화 대응과 AI 활용

유엔은 AI를 활용해 기후 변화의 영향을 예측하고 대응 전략을 수립하고 있다. AI는 기후 모형화(modeling)를 개선하고, 기상 패턴을 분석해 자연재해를 예측하는 데 사용된다. 또한, 유엔은 AI를 통해 데이터 수집과 분석을 강화해 전 세계적인 기후 변화 대응 노력을 조율한다. 이러한 노력은 기후 변화에 대한 전 지구적 대응을 가능하게 하고, 지속 가능한 발전 목표(SDGs) 달성에 기여하고 있다.

유럽연합은 AI를 기후 변화 대응의 핵심 기술로 활용하고 있다. 유럽 그린 딜(European green deal)과 같은 정책을 통해 AI를 에너지 효율성 향상, 탄소 배출 감소, 재생 가능 에너지 활용 등에 적용한다. 예를 들어, AI는 에너지 관리 시스템에서 에너지 소비 패턴을 분석하고 최적화하는 데 사용되며, 이는 온실 가스 배출을 줄이는 데 기여한다. 유럽연합은 또한 AI를 통해 기후 변화의 경제적 · 사회적 영향을 평가하고, 정책 결정을 지원한다. 2020년에 승인된 유럽 그린 딜은 2050년에 유럽연합을 기후 중립으로 만들겠다는 중요한 목표를 가진 유럽위원회의 일련의 정책 이니셔티브이다.

미국은 AI를 활용해 기후 변화에 대응하는 다양한 프

로그램을 시행하고 있다. 미국 환경보호청(EPA)과 같은 기관은 AI를 통해 대기 오염을 모니터링하고, 기후 변화의 영향을 예측하며 대응 전략을 수립하고 있다. 또한, 미국은 AI를 활용해 재생 가능 에너지 자원의 효율성을 극대화하고, 에너지 그리드를 최적화하는 기술을 개발하고 있다. 이러한 기술들은 기후 변화 대응을 위한 미국의 전략적 목표를 달성하는 데 크게 기여하고 있다.

중국도 AI를 활용해 기후 변화에 대응하고 있다. 중국은 AI 기술을 통해 대기 질 모니터링, 탄소 배출 감축, 재생 가능 에너지 관리 등을 수행하고 있다. 예를 들어, 중국은 AI를 사용해 태양광 발전소와 풍력 발전소의 운영을 최적화하고, 에너지 효율성을 높인다. 또한, AI는 중국의 대규모 도시에서 교통 혼잡을 줄이고, 에너지 소비를 최적화하는 데 사용된다. 중국은 이러한 노력을 통해 글로벌 기후 변화 대응에 기여한다.

에너지 확보와 AI 활용

AI는 지구 차원의 에너지 확보에도 일역을 담당한다. 스마트 그리드, 예측 유지 보수, 재생 가능 에너지 최적화, 탄소 배출 감소 등 다양한 분야에서 AI의 활용이 기대되며, 이는 글로벌 에너지 문제 해결에 기여할 수 있다. AI

기술의 발전과 글로벌 협력을 통해 지속 가능한 에너지 미래를 만들어 갈 수 있을 것이다.

AI는 스마트 그리드 시스템에서 필수적이다. 스마트 그리드는 AI를 통해 실시간 데이터를 분석하고 에너지 수요를 예측하며, 공급과 수요를 효율적으로 조절할 수 있다. 이를 통해 전력 손실을 최소화하고 에너지 효율성을 높인다. 예를 들어, AI는 전력 사용 패턴을 분석해 피크 시간대의 에너지 사용을 줄이고, 재생 가능 에너지를 효과적으로 활용할 수 있다.

AI는 에너지 설비의 예측 유지 보수를 통해 효율성을 극대화한다. AI 기반 시스템은 설비의 상태를 실시간으로 모니터링하고, 고장 가능성을 예측해 사전에 유지 보수를 수행할 수 있도록 한다. 이는 설비의 다운 타임을 줄이고 운영 비용을 절감하는 데 기여한다. 예를 들어, 구글은 AI를 통해 풍력 발전기의 출력을 예측하고 유지 보수 일정을 최적화해 에너지 생산성을 높인다.

AI는 재생 가능 에너지의 생산 예측을 향상한다. 태양광과 풍력 에너지의 경우, 기상 조건에 따라 생산량이 변동되기 때문에 정확한 예측이 중요하다. AI는 기상 데이터를 분석해 에너지 생산량을 예측하고, 이를 기반으로 에너지 공급 계획을 수립할 수 있다. 이는 재생 가능 에너지의 통합을 촉진하고 전력망의 안정성을 높이는 데 이바지한다.

AI는 에너지 저장 시스템과 분배망의 효율성을 높인다. AI 기반 시스템은 에너지 저장 장치의 충전 및 방전 시점을 최적화해 에너지 자원을 효과적으로 관리할 수 있다. 이는 재생 가능 에너지의 간헐성을 보완하고 에너지 공급의 안정성을 보장한다. 또한, AI는 분산 에너지 자원의 조정을 통해 지역 간 에너지 불균형을 해소하는 데 기여한다.

AI는 탄소 배출을 줄이는 데도 일역을 담당한다. AI 기술은 에너지 사용 데이터를 분석해 효율적인 에너지 사용 방안을 제시하고, 탄소 배출을 줄일 수 있는 최적의 방법을 찾는다. 예를 들어, AI는 산업 공정에서 에너지 소모를 최소화하고, 재생 가능 에너지 사용을 최적화함으로써 탄소 배출을 줄이는 데 활용된다.

AI는 글로벌 에너지 문제를 해결하기 위해 협력을 촉진한다. 국제에너지기구(IEA)와 같은 기관들은 AI를 활용한 에너지 데이터의 공유와 분석을 통해 협력을 강화하고 글로벌 에너지 전략을 수립한다. 이는 에너지 문제 해결을 위한 글로벌 차원의 협력을 촉진하는 데 크게 이바지한다.

인공지능과 전기차의 미래

AI는 전기차와 수소차의 미래를 혁신할 수 있는 핵심 기술로, 에너지 효율성, 자율 주행, 연료 관리, 충전 인프라 최적화 등 다양한 분야에서 활용된다. AI 기술의 발전은 친환경 교통수단의 보급을 촉진하고, 지속 가능한 미래를 위한 중요한 발판이 될 것이다.

AI는 전기차의 에너지 효율성을 최적화하는 데 중요한 역할을 한다. AI 기반 시스템은 차량의 배터리 상태를 실시간으로 모니터링하고, 충전 패턴을 분석해 배터리 수명을 연장한다. 또한, AI는 최적의 경로를 제안해 에너지 소모를 최소화하고, 충전 인프라를 효율적으로 관리할 수 있게 한다.

전기차에서의 자율 주행 기술은 AI의 발전에 크게 의존한다. AI는 센서 데이터와 머신러닝 알고리즘을 활용해 차량이 주변 환경을 인식하고 안전하게 운행할 수 있도록 한다. 이는 도로 안전을 향상하고, 교통 혼잡을 줄이는 데 기여한다. 예를 들어, 테슬라(Tesla)와 같은 전기차 제조업체들은 AI 기반 자율 주행 기술을 개발하고 있으며, 이는 미래의 교통 시스템을 혁신할 것으로 기대된다.

AI는 수소차의 연료 효율성을 높이는 데에도 중요한

역할을 한다. AI 기반 시스템은 수소 연료 전지의 성능을 실시간으로 모니터링하고, 최적의 연료 사용 패턴을 제안해 연료 효율을 극대화한다. 이는 수소차의 운영 비용을 절감하고, 환경 친화적인 운송 수단으로서의 경쟁력을 높인다.

수소차의 충전 인프라도 AI를 통해 최적화할 수 있다. AI는 수소 충전소의 위치와 사용 패턴을 분석해 충전 인프라를 효율적으로 배치하고 운영할 수 있도록 돕는다. 이는 수소차의 사용 편의성을 높이고, 대규모 도입을 촉진하는 데 기여한다.

인공지능과 생물 다양성

AI는 생물 다양성 보존과 관리에서도 활용될 수 있다. 종 탐지, 서식지 보호, 데이터 기반 의사 결정, 시민 과학 등 다양한 분야에서 AI의 활용은 환경 보호의 효율성을 높이고 있다. 이러한 기술 발전은 생물 다양성의 미래를 밝게 하고, 지속 가능한 지구를 위한 중요한 기여를 할 것으로 기대된다.

AI는 종 탐지와 모니터링을 더욱더 효율적이고 정확하게 할 수 있게 돕는다. AI 기반 시스템은 카메라 트랩과 드론을 통해 수집된 이미지를 분석해 다양한 종을 식별하고 추적할 수 있다. 예를 들어, 마이크로소프트의 'AI 포 어스(AI for Earth)' 프로그램은 카메라 트랩에서 수집한 이미지를 분석해 종을 식별하고, 데이터 처리 효율성을 크게 향상했다. 'AI 포 어스'는 AI를 지구 및 인류 관련 연구에 활용하는 민간 프로젝트로 2017년 7월에 시작되었다. 마이크로소프트는 이 프로젝트에 5000만 달러의 예산을 할당했다.

AI는 서식지 보호와 복원에도 활용된다. AI 기반 모델은 기후 변화의 영향을 예측하고 서식지 변화에 따른 보호 전략을 제안한다. 이러한 모델은 기후 변화에 대한 적응 계획을 수립하고 생물 다양성 손실을 최소화하는 데 도움을 준다.

AI는 환경 데이터의 분석을 통해 데이터 기반의 의사결정을 지원한다. 이는 생물 다양성 데이터베이스를 통합하고, 환경 영향 평가를 통해 보호 구역을 설정하는 데 사용된다. 이러한 데이터 분석은 생물 다양성 보존 계획을 최적화하고, 효과적인 관리 전략을 수립하는 데 기여한다.

AI는 시민 과학 프로젝트에서도 중요한 역할을 한다. 일반 시민들이 스마트폰 앱을 통해 생물 종을 관찰하고 데이터를 제공하면, AI가 이를 분석해 생물 다양성 데이터를 축적한다. 이는 과학자들과 정책 결정자들이 좀 더 정확한 데이터를 기반으로 보호 전략을 수립할 수 있도록 한다.

참고문헌

Masterson, B.(2024). 9 ways AI is helping tackle climate change. World Economic Forum. https://www.weforum.org/agenda/2024/02/ai-combat-climate-change/

Rauf, M., et al.(2024). Aspects of artificial intelligence in future electric vehicle technology for sustainable environmental impact. *Environmental challenges*, 14, pp.1-12.

Temple, J.(2022.11.9.). Inside Alphabet X's new effort to combat climate change with seagrass. *MIT Technology Review*. https://www.technologyreview.com/2022/11/09/1062847/inside-alphabet-xs-new-effort-to-combat-climate-change-with-seagrass/

심양섭

남북사랑학교 대안교육기관 대표. 서울대학교 동양사학과를 졸업하고 연세대학교에서 석사, 성균관대학교에서 정치학 박사학위를 각각 취득했다. 경향신문 편집부와 조선일보 사회·정치부 기자를 역임했다. 미국 시애틀 소재 워싱턴대학교(University of Washington, UW)에서 2001년에는 잭슨스쿨(Henry M. Jackson School of International Studies) 한국학센터(Center for Korea Studies)의 방문학자, 2009년에는 정치학과(Department of Political Science)의 방문학자로 각각 1년간 연수했다. 그동안 아주대학교, 이화여자대학교, 숙명여자대학교, 성신여자대학교, 한림대학교, 단국대학교, 가천대학교, 경기대학교, 한국방송통신대학교에서 정치학과 신문방송학을 가르쳤다.

저서로는 『미국 초등학교 확실하게 알고 가자』(2003), 『여자가 기자가 된다』(2008), 『한국의 반미, 대안은 있는가』(2005) 등이 있으며, 옮긴 책으로는 『성공하는 리더십의 조건』(공역, 2012), 『외교 원리와 실제』(2014), 『부패와 개혁의 제도주의 경제학』(2017), 『자본주의』(2017) 등이 있다. KCI(국내학술지인용색인) 등재 논문으로는 "한미 양국 간 시민사회 연결망 구축방안 연구"(2012), "탈북 이주민의 한국 사회 편입양태와 정책적 시사점"(2017), "한국 사회 반다문화 담론의 쟁점과 실제 그리고 대응"(2016), "A Critical Viewpoint of South Korean Anti-Americanism"(2009) 등 모두 15편이 있다.